LES
BOVTADES
DV CAPITAN
MATAMORE,
ET SES COMEDIES.

A PARIS,

Chez ANTOINE DE SOMMAVILLE, au Palais, dans la
Gallerie des Merciers, à l'Escu de France.

M. DC. XXXXVII.

AVEC PRIVILEGE DV ROY.

LES
BOVTADES
DV CAPITAN
MATAMORE.

STANCES.

V N iour ie m'en souuiens, les Dieux à
   leur mal-heur
Choquerent ma valeur,   (me,
Ce celeste troupeau, cette engeace supré-
Ces Diuins auortons vouloient me mal-traiter,
Ie surmontay l'effort de leur audace extréme,
Et les mis en estat de ne me plus heurter,
Ie les frotay si bien, que la plus part encore
Sont bossus & mal-faits des coups de Matamore.

Le grand Hercule en fut le premier assaillant,
Comme le plus vaillant,

A

A l'abord il est vray i'eus du desauantage,
De ses coups il me fit le visage tout bleu :
Mais la fureur m'ayant plongé dedans larage,
Tout mon corps échauffé se conuertist en feu.
De sorte qu'à mes feux sa force fut sousmise,
Et ie le fis bruler dans sa propre chemise.

❀❀❀

Apres ce grand combat le Ciel vint à son tour,
Pour me priuer du iour :
Mais dés qu'il apperçeut cette face guerriere,
Plus effroyable à voir que le moine-bouru,
Il se mit à courir d'vn telle maniere,
Que depuis ce moment il a tousiours couru :
Et cette peur encore si viuement le presse,
Qu'on le voit fuïr de crainte & tournoyer sans cesse.

❀❀❀

Ce cornard de Vulcan, cet infame maraut
Vint encore à l'assaut,
Ce Forgeron pensoit me priuer de lumiere,
Et me precipiter d'vn seul coup au tombeau
Sans que i'y prisse garde, il venoit par derriere
Pour me casser la teste auecque son marteau :
Mais i'esquiuay le coup, & puis pour ma reuanche,
Ie le pris par le corps, & luy cassay la hanche.

L'Amour voulut auſſi par vn excés d'orgueïl
M'enuoyer au cercueil.
Ce ſouuerain des cœurs qui triomphe des ames,
A me faire perir déploya ſes efforts,
Il lança contre moy tous ſes traits pleins de flammes,
Pour m'enuoyer bruſlant au royaume des morts:
Mais d'vne ame tranquille & nullement émeuë,
D'vne fourche d'acier ie luy creuay la veuë.

❈

Iupiter me voyant touſiours victorieux,
En deuint furieux;
Il vint pour me heurter, moy ie courus de meſme:
Mais penſant l'outrager, ie luy fis vn grand bien.
En ce temps il ſouffroit vne douleur extreſme,
Ne pouuant accoucher du diuin Bromien,
Mais luy fendant la cuiſſe : ô l'eſtrange merueille!
Ie le fis accoucher du Dieu de la bouteille.

❈

La Mort en ſuitte vint pour m'oſter la vigueur,
Et me creuer le cœur:
Mais, ventre, i'écorchay cette engeance cruelle,
I'arrachay ſes poulmons, ſes trippes, ſes boyaux,
Son diaphragme, ſes nerfs, ſes cheueux, ſa ceruelle,
Ses veines, ſes ſourcils, ſes leures, ſes nazeaux,

A ij

Ses membranes, son fiel, sa ratte, ses risceres,
Sa langue, son larinx, ses fibres, ses arteres.

❖

Ses maudits ligaments, son cœur pernicieux,
Ses oreilles, ses yeux,
Son foye & ses tendons, ses reins, ses ventricules,
Ses glandes, son nombril, ses organes vitaux,
Ses muscles, ses boudins, sa chair, ses pannicules:
Bref, ie ne luy laissay parbleu rien que les os,
Et ie la mis enfin en si pauure posture,
Que ie la fis alors comme on nous la figure.

STANCES DE MATAMORE
en Gueux.

Ie suis l'effroy des Capitans,
Et la terreur des indomtables.
Mes bras nerueux & redoutables
Sont plus forts que ceux des Tytans:
Mais, ventre-bleu, quelle disgrace,
La Gueuserie me pourchasse.
Parbleu le Destin a grand tort,
Ce maraut qui me porte enuie,
M'oblige à demander ma vie,
Moy qui donne tousiours la mort.

Cet infame & cruel Destin,
Ce souuerain des noires parques
Me donne d'infaillibles marques,
Qu'il est quelque fils de Putain:
Car depuis l'heure que les choses
De leurs Cahos furent écloses,
Il n'a rien fait qui ne soit mal;
Il a mis Mercure à la bierre,
Cesar dedans le cimetiere,
Et Matamore à l'hospital.

***

Ah, sort par trop injurieux,
Peux-tu bien auoir le courage
De déplier toute ta rage
Sur vn sujet si glorieux!
Vn Capitan si plein de gloire,
Plus vaillant qu'on ne sçauroit croire,
Qui massacre de ses accens
Digne de regir la Guinée,
Est reduit par la destinée
De tendre la main aux passans.

***

Astres malins & dangereux,
Qui sans raison m'estes contraires;
Ne prouoquez pas mes colleres,

A iij

Ie vous ferois tous mal-heureux,
La faim que i'ay, fait que i'enrage,
Faites qu'vn repas me soulage,
Sinon pour me desafamer,
Malgré vostre foible tonnere
Ie mangeray toute la terre,
Et ie boiray toute la mer.

❧

Mon boyau crie incessamment
Apres cette faim qui me tuë,
Ma constance en est abbatuë,
Et i'en perds le raisonnement.
Il faudra dans ma peine extresme
Que ie me dérobe à moy-mesme
Si ie veux bien me soulager,
Ou que dans l'excés de ma rage
Pour me vanger de cet outrage
Ie me prepare à la manger.

BOVTADE DE MATAMORE
à son Vallet.

Ie t'apprends que la mort est tousiours auec moy,
Que i'ay pour compagnons le carnage & l'effroy,
Et que de quelque part que ie tourne la veuë,
Ie charme, i'éblouïs, i'espouuante & ie tuë.

Si d'vn de mes regards ie donne le trespas,
Les lieux par où ie vais, tremblent dessous me pas.
On diroit que les vents enclos dans leurs entrailles,
Pour en sortir plustost, s'y liurent des batailles,
Ou pour en mieux parler qu'vn soudain mouuemēt
Aille de l'Vniuers sapper le fondement.
Aussi Pluton qui craint que par mon assistance,
Iusques dans ses cachots le Soleil ne s'auance,
Déliure qui me plaist de ses horribles fers,
Sans qu'il me soit besoin de descendre aux Enfers.
Allors que ie me trouue au milieu des alarmes
Ie pourfends d'vn seul coup casques, cheuaux, gens-
    d'armes,
Ie renuerse à la fois des bataillons entiers,
Sans estre secondé, j'enleue de quartiers.
Que te diray-je plus d'vne seule menace
Des superbes Geans à mes pieds ie terrasse,
Et fais fuir deuant moy les Rois & les Cesars
Aussi facilement que leurs moindres soldars.
Quand ie suis obligé d'assieger vne ville,
Le canon me tient lieu d'vne chose inutille ;
I'estime les trauaux ridicules & vains,
Car pour y faire bresche il suffit de mes mains,
Auec elles i'abas tours, bouleuars, murailles,
Faussebrayes, ramparts, escarpes, flancs, tenailles,
Demy-lunes, dehors, caualliers, terre-plains,
Courtines, bastions, parapels, rauelins,

Et quelques grands efforts que la Garnison fasse,
Ie gagne le dessus, i'entre dedans la place.
Pour exterminer tout ie ne veux qu'vn moment,
Et de chaque logis ie fais vn monument.
Quand ie suis irrité, les plus hautes montagnes
S'abaissent aussi-tost à l'égal des campagnes.
La Nature en conçoit vne extresme terreur,
La Lune & le Soleil en pâlissent d'horreur,
Le sang fait inonder les plus basses riuieres,
Les champs sont conuertis en d'affreux cimetieres,
Ie change en des deserts les Palais habitez,
Et plus bas que l'Enfer i'abysme des Citez;
Pour ouurir vn passage à la mer Atlantique,
Ie diuisay jadis l'Europe de l'Affrique,
Contre mille Titans i'ay deffendu les Dieux;
Atlas estant lassé i'ay soustenu les Cieux;
Et lors que ie perdray la celeste lumiere,
Ce tout retournera dans sa masse premiere:
Car c'est moy qui conduits les merueilleux ressors,
Par qui sont remuez les membres de ce corps.
I'empesche que le feu ne brusle les nuages,
Ie contiens l'Ocean dans ses moittes riuages,
Ie balance la terre & ne luy permets pas
Ny de monter plus haut, ny de tomber plus bas.
Mais c'est mal à propos que ie crains que la parque
Ait iamais le dessein de me mettre en sa barque,
Mes volontez luy sont vne eternelle loy,

                                        C'est

C'est de moy seulement qu'elle tient son employ,
Et ie fais deualler plus d'esprits sous la terre,
Que la contagion, la famine & la guerre.

Autre Boutade.

Ie suis le fleau des Peruers,
Et le foudre de la Vaillance
De qui la fatalle influance
Dispense les pris & les fers:
C'est moy que tout chacun adore
Depuis les climats de l'Aurore,
Iusqu'aux lieux où s'esteinct l'Astre qui fait les
Bref, c'est moy qui suis l'effrayable,   (iours,
Le domteur, comme l'indomtable,
Moy qui fus & qui suis, & qui seray tousiours.

STANCES DES BOVTADES
de Matamore.

Tout palpite par où ie passe,
Tout tremblotte dessous mes pas,
Tout court de vistesse au trespas,
Et tout creve quand ie menace.
Les Dieux endurent mille maux,
Ils trespassent comme maraux

En regardant ma contenance,
Et si l'Amour d'entre les Dieux
Ne peut mourir en ma presence,
C'est à cause qu'il n'a point d'yeux.

L'action la pus orageuse,
L'effort le plus audacieux,
Et le coup le plus furieux
Despend de cette main nerueuse.
Tout se rend docille à mes vœux,
I'accomplis tout ce que ie veux,
Ie fais le calme & la tempeste;
Et parmy l'horreur des hazards
Quand ie viens à couurir ma teste,
Ie mets à l'ombre le Dieu Mars.

Mes gestes bruslent les campagnes,
Mes souspirs suffoquent le vent;
Quand ie chemine arrogamment
L'on voit les plus hautes montagnes
Deualler aux lieux les plus creux,
Afin de rendre hommages aux feux
Que font mes démarches terribles;
Et celles qui ne le font pas

Ie les perce comme des cribles,
Et les aualle à mes repas.

※

Les fleuues arrestent leurs courses
Quand ie les regarde courir,
D'vn seul maintien ie fais mourir
Les dromadaires & les ourses;
Toute la furie & l'horreur
Que ie possede en ma fureur
Ne sçauroit pas estre conceuë;
Et si ie voulois enflammer
Vn seul des regards de ma veuë
Ie mettrois le feu dans la mer.

※

Les Deïtez sont offencées
En me faisant voir aux mortels,
Elles m'esleuent des autels
Dedans le fonds de leurs pensées;
Les Astres me rendent honneur,
Les Elements me font faueur:
Bref, tout ce que le Ciel enserre,
Redoute mes efforts diuers,
Et si ie crachois sur la terre,
Ie noyerois tout l'Vniuers.

B

Chacun me doit des auantages,
Selon son ordre & son pouuoir,
Tous les hommes font leur deuoir,
Quand ils me rendent des hommages:
La terre me doit de ses fruits,
La guerre des feux & des bruits,
Le Printemps des lis & des roses,
La mer me doit des Alcions,
Et les Dieux comme toutes choses
Me doiuent des soûmißions.

Que si le Destin s'abandonne
De me vouloir faire la loy,
Ie luy montreray comme quoy
Ie peux chastier sa personne:
Car en brauant tous ses effors,
Ie mettray son horrible corps
En butte deuant le tonnerre,
Et prenant le monde au collet,
Ie feray de toute la terre
Vne balle d'arc à jalet.

ELEGIE SERIEVSE
de Matamore à sa Maistresse.

Quand mon ame en seroit à iamais desolée,
Ie ne sçaurois celer que i'aime Amarillée ;
Son esprit admirable, & qui n'ignore rien,
Peut sçauoir aisément le desordre du mien.
Mes respects, mon silence, & ma flamme si pure,
Sont des indices clairs du tourmens que i'endure :
Et combien que l'Amour ayt mon cœur embrasé,
Il est chaste & diuin puis qu'elle l'a causé.
Mais ce n'est pas assez qu'elle sçache ma flamme,
L'empire qu'à present elle a dessus mon ame,
Force ma volonté de dire hautement,
Que mon cœur la respecte & l'aime infiniment,
Que mon affection est sans tache & sans crime,
Que le feu dont ie brûle, est vn feu legitime,
Et que les chastes vœux que i'offre à ses autels,
Ne sont point animez de transports criminels.
Dés le premier moment que ie vis cette aimable,
Ie sentis en moy-mesme vn trouble inconceuable ;
Son geste me charma, son visage me prit,
Et sa rare vertu captiua mon esprit ;
Ie deuins tout émeu, mon ame fut surprise,
Tant de diuinitez m'osterent la franchise.

Ie fus frappé d'vn mal sans espoir d'en guerir,
Et fus contraint d'aymer ce qui me fit mourir:
Mon ame me quitta dedans cette auanture,
Dedans le mesme instant ie changeay de nature,
Ie suis si peu, celuy que i'estois parauant,
Que ie ne me sçaurois connoistre maintenant,
I'ay bien la mesme taille & le mesme visage,
Mais ie n'ay pas les sens ny le mesme courage,
Ie n'ay ny les pensers, ny les mesmes souhaits,
Enfin ie suis celuy que ie ne fus iamais.
Mon corps n'est animé que par des traits de flame,
Qui le font subsister au deffaut de mon ame; (mour
Et ces traits merueilleux sont des traits que l'A-
Par les yeux m'élança, pour me rendre le iour,
Il eut pitié de voir mon ame ainsi rauie,
Il voulut par ses yeux me redonner la vie.
Ainsi par vn effet qui ne peut s'exprimer,
Ce qui me fit mourir, seruit pour n'animer.
Depuis les souuenirs de ses aimables charmes,
M'ont agité les sens, m'ont fait verser des larmes,
M'ont priué de plaisir, m'ont osté le repos,
M'ont fait en vn moment ietter mille sanglots,
Et n'ay iamais osé, ny n'oserois encore
Dire à ce bel objet le mal de Matamore.
Quand ie pense aux grandeurs de ces perfections,
Ie me laisse emporter aux admirations;

Mon iugement s'égare, & mon ame est confuse,
Voyant sur le Parnasse vne nouuelle Muse,
Qui par vn art nouueau, d'vn nouuel Apollon
Fait sortir de Pegase vn nouuel Elicon:
Les Muses ne sont plus ny charmantes, ny belles,
Son merite ternit l'éclat des neuf Pucelles;
Leur vieux maistre a cedé sa place à son sçauoir,
Et s'est soûmis luy-mesme aux loix de son pouuoir:
Si bien que cette belle étouffera la gloire
Et l'estime, & l'honneur des Filles de memoire.
Elle va dominer en ce celeste lieu
Sur ce sacré trouppeau comme faisoit leur Dieu,
Et l'on n'y verra plus de Victime immollée
Que la diuinité de mon Amarillée.
O Deesse adorable & Reine des vertus!
Vous de qui le merite a mes sens confondus,
Ie veux tout le premier vous faire vn sacrifice,
Vous presenter mon cœur, vous offrir mon seruice,
Vous immoler mon ame, & m'estimer heureux
De me sacrifier aux moindres de vos vœux.

ENTREE DE MATAMORE
en Foux, qui se croit Iupiter.

Ie suis le seul Autheur de toute la Nature,   L'entrée
Les Dieux sont mes subjets, l'Hôme ma Creature,   est tirée
                                                    d'Ouide.

L'Enfer est mon esclaue, & les esprits damnez,
Aux tourmens éternels sont par moy condamnez:
Ie suis le seul principe, & le moteur des causes,
C'est par moy seulement qu'agit l'ordre des choses:
I'ay tiré du neant tout ce vaste Vniuers,
Dans leurs centres i'ay mis l'air, la terre & les mers,
I'ay fait voir aux mortels la celeste lumiere,
Et sans moy tout seroit en sa masse premiere.
De ce cahos confus le mélange odieux
Arresteroit encor le mouuement des Cieux,
La flame auec les eaux feroit aussi la guerre,
Les airs ne seroient pas d'accord áuec la terre,
Et la nuict & le iour pesle-mesle assemblez,
Comme les Elemens seroient encor troublez;
Les Saisons en desordre iroient à l'auanture,
Le Printemps n'auroit point de fleurs ny de verdure,
Cerés dedans l'Esté n'auroit point de moissons,
L'Automne point de fruits, l'Hyuer point de glaçõs;
Les ans, les mois, les iours, les heures, les minutes
N'auroient iamais sans moy terminé leurs disputes.
Pour donner à ce Tout vn éternel repos,
D'vn clin d'œil à l'instant ie rompis le Cahos;
Ie fis placer le feu quand il fut manifeste
Dans le cercle dernier de la voûte celeste;
L'air presque aussi subtil que le chaud élement,
Se mit vn peu plus bas par mon commandement:

Sous l'air ie mis la terre, & l'entouray de l'onde,
Pour affermir plus fort les fondemens du Monde :
Les Elemens estans en bon ordre rangez,
Et selon leur nature en leurs centres logez,
Ie fis en mesme temps la terre toute ronde,
Et son égalité n'a rien qui la seconde ;
Par elle ie donnay l'eternel mouuement
A l'immobile corps de ce lourd element,
Et malgré les rigueurs des vents & des orages,
La mer ne peut sortir de ses moittes riuages :
I'ay seulement tiré des sources de ces eaux,
Pour faire serpenter la terre de ruisseaux ;
De ces ruisseaux i'en fis les fleuues, les riuieres,
Qui tombent en grondant dans leurs sources pre-
  mieres.
Apres l'heureux succés de ce grand changement,
Pour donner à la terre vn superbe ornement,
Ie separay les bois d'auecque les campagnes,
Puis en diuers climats i'éleuay des montagnes ;
Ie fis naistre par tout des plantes & des fleurs,
Que la Nature peint de diuerses couleurs ;
Ie montay les rochers iusqu'aupres du tonnerre,
Ie mis leurs fondemens au centre de la terre :
Enfin pour acheuer ce labeur glorieux,
Ie voulus separer en cinq Zones les Cieux,
Et diuiser en cinq ces épaisses matieres

C

De la maſſe qui fait le grand centre des Spheres.
Des cinq Zones ie mis la Torride au milieu;
Le milieu de la terre eſt poſé ſous ce lieu;
Le Soleil par vn chaud qui n'eſt pas conceuable,
Rend dedans ce milieu la terre inhabitable.
Les deux Zones qui ſont aux deux extremitez,
De ce Globe d'azur où regnent les clartez,
Répandent ſous ces lieux vne extréme froidure,
Et la neige en tous temps y blanchit la Nature.
La froideur qui deſtruit l'ardeur de ſon amour,
Fait qu'à peine touſiours l'homme y reçoit le iour.
Les deux autres qui ſont plus prés de la lumiere,
Sans froid & ſans chaleur acheue leur carriere;
Ces contraires touſiours ſont vnis ſous ces lieux,
Où l'on reſpire à l'aiſe vn air delicieux.
Si toſt que j'eus rangé les Zones en leurs places,
Pour entourer les Cieux, & pour ſuiure leurs traces,
Dans cette region où i'ay poſé les airs,
Des vapeurs d'icy bas j'y formay les éclairs,
Les nuës, les broüillars & la greſle, & la foudre:
Pour faire de l'impie vne maſſe de poudre.
Le vents auec les airs furent auſſi placez,
Par mon ordre en ces lieux ils furent ramaſſez;
Et de peur que les vents en ſe faiſant la guerre,
Ne fiſſent joindre encor la flame auec la terre,
Que leurs diuiſions en troublant leur repos,

Ne remiſſent le tout en ſon premier cahos,
I'enuoyay le plus chaud du coſté de l'Aurore,
Où le grand œil du Monde eſt adoré du More,
Et malgré ſa fureur ie retins ce mutin,
Où le Pere du iour ſe leue le matin.
I'arreſtay du ſecond la courſe vagabonde,
Aux lieux où le Soleil ſe va plonger dans l'onde:
Vers le Septemtrion ie mis les Aquilons,
Qui glacent les pays des barbares Gelons;
Et cet humide vent qui groſſit les nuages,
Qui les reduit en eaux pour faire les orages,
S'empara du Midy par mes commandemens;
Ie mis le Ciel plus haut que tous les elemens;
Ce corps qui fut formé ſans mélange de bouës,
Tournoye inceſſamment ſur de puiſſantes rouës;
Les Poles l'appuyans ne luy permettent pas
De s'éleuer plus haut, ny deſcendre plus bas;
Sur ſa face mes mains poſerent les eſtoilles,
Qui brillent dans la nuict malgré ſes ſombres voiles.
Enfin pour acheuer tous ces diuins trauaux,
Pour chaque region ie fis de animaux.
Ie mis dedans le Ciel les Dieux auec les Aſtres,
Qui font par l'Aſtrologue annoncer les deſaſtres;
Ie fis battre les airs par le vol des oyſeaux,
Et nager les poiſſons dans l'abyſme des eaux,
D'autres beſtes encor la terre fut couuerte,

C ij

Pour leur faire habiter cette masse deserte.
Apres ie creay l'homme & l'en fis gouuerneur,
Afin de le combler de gloire & de bon-heur;
Sur le portrait des Dieux ie formay sa figure,
Ie luy donnay pouuoir sur chaque Creature;
Ie le fis Souuerain de ces terrestres lieux,
Par mon commandement il contemple les Cieux,
Et regardant sans cesse vne telle merueille,
Sa joye est infinie, & n'a point de pareille.

AVTRE ENTREE
de Matamore.

Par le seul bruit de mes combats,
Tout est vaincu, tout est à bas,
La terre & les rochers en sont reduits en poudre,
L'Enfer en tremble encor d'effroy,
Et ce Dieu qui lance la foudre
N'a iamais redouté d'autre foudre que moy.

Ouy ce grand Roy des immortels,
Qui fait encenser ses Autels,
Est contraint de me rendre vn eternel hommage;
Hercule & Mars ces grands Guerriers,

Doiuent ceder à mon courage
Tout ce qu'ils ont acquis de gloire & de lauriers.

※

Tout au seul bruit de ma valeur
Pâlit & change de couleur,
Et la mer n'a iamais dans toute sa colere
Fait tremblotter tant de Nochers,
Comme le vent de mon derriere
A brisé de Chasteaux, de Forts & de rochers.

※

Mes bras de leurs moindres efforts,
Font choir dans l'Enfer plus de morts,
Que Cerés en Esté n'a de jauelles blondes;
Et d'vn clin d'œil en vn moment,
Ie puis destruire plus de monde,
Que le monde n'a veu de feux au Firmament.

※

Bref, tous les habitans des Cieux,
Ceux qui respirent en ces lieux,
Ceux qui volent en l'air, ceux qui nagent en l'onde,
Sont tous rangez dessous mes loix;
Ie suis maistre de tout le monde,
Et le Roy souuerain de tous les autres Rois.

Mais vn Enfant audacieux,
Vn petit-Dieu qui n'a point d'yeux
Triomphe ſans combat de mon humeur guerriere,
Il a d'vn coup de ſon brandon
Mis tant de feux à mon derriere,
Que l'on l'entend peter comme vn coup de canon.

❦

Mon cœur en eſt tout enflamé,
I'en ay le corps tout conſumé,
Déja tous mes boyaux en ſont reduits en cendre,
Et ie crains par ces feux diuers
Si le culier vient à ſe fendre,
Qu'vn vent de mon ponant ne brûle l'Vniuers.

❦

Allons donc treuuer ce Docteur,
Ce vieux Singe, ce Radotteur,
S'il ne vient à mes veux accorder Angelique,
Quand il ſeroit plus fort que Mars,
Ie perſerois à coups de pique
Malgré tous ſes efforts, ſa fille en toutes pars.

❦

Ie ſuis proche de la maiſon
De ce vieux Reitre ſans raiſon,

Ouy voila le logis de ma belle inhumaine:
Mais, ô Dieux! n'en approche pas:
Car le seul vent de ton haleine,
Sans doute jetteroit tout l'édifice à bas.

STANCES DE MATAMORE.

Hé bien, Messieurs, depuis long-temps
Vous n'auez point veu ce visage:
Mais prenez garde, pauures gens
De le voir à vostre dommage:
Car si dauanture l'horreur
Met la flame en mes yeux, m'agite & me trauaille,
Et que ie vous élance vn regard de fureur,
Ie vous brûleray comme paille.

❧

Mon œil de l'element du feu
Est l'ascendant & l'influence,
Et sans se peiner que fort peu
Il le maintient en sa puissance:
Il ne subsiste maintenant
Que par l'ardent brazier dont ma veuë est remplie,
Et l'element du feu periroit à l'instant,
Si mes yeux n'auoient plus de vie.

Vn iour en cherchant les combats
Au bout de cent belles campagnes,
Ie rencontray deſſous mes pas
D'aſpres & de rudes montages,
Que fis-je en cette extrémité?
Ie changeay par mes yeux ces montagnes en plaines,
Et d'vn regard de feu qu'à l'inſtant ie jettay,
I'en brûlay quatorze douzaines.

※

Me promenant prés de la mer,
D'vn rayon brûlant de ma veuë
Ie fis tous ces flots enflamer,
Et rendis Thetis toute émeuë.
Iettant qui çà qui là mes yeux,
Neptune, les Tritons & toutes les Nayades,
Bref, ſans exception tous les liquides Dieux,
Furent grillez de mes œillades.

※

Hier d'vn traict de feu de mon œil,
Qui penetra toute la terre,
Ie mis au regne du cercueil
Vne étrange & cruelle guerre:
Car ce traict d'œil ſi furieux,
De qui les facultez font des coups effroyables,
Saccagea,

Saccagea, deuora tous ces nocturnes lieux,
Et brûla quasi tous les Diables.

❧

Mais, ventre, quel bouluersement,
Mes yeux quasi sur toutes choses
Agissent monstrueusement,
Et font mille metamorphoses :
Mais dessus les corps feminins,
Toutes leurs facultez ont perdu leur sciente,
Et mes regards leur sont si sots & si badins,
Que toutes fuyent ma presence.

STANCES DE MATAMORE.

Hé bien, que dites vous de cet œil sourcilleux ?
Ne suis-je pas bien merueilleux,
Bien composé, bien fait, bien beau, bien estimable,
Bien toüillant, bien gentil, bien poupin, biē charmant,
Bien rude, bien cruel, bien fort, bien assommant,
Bien meurtrier, bien sanguin, & bien épouuantable ?
O quand ie faits agir mes yeux, ou mes reuers,
Tout tombe, tout s'abat, tout panche à sa ruine,
Et si ie n'arrestois l'ardeur qui me domine,
Ie vous auallerois ainsi que des pois vers.

D

Vn iour dans vn esquif nauigeant sur la mer,
Neptune voulut m'abysmer:
Mais en le regardant i'aneantis ses rages,
Ie l'effrayay si bien des traits de mes flambeaux,
Que du haut & du bas il vomissoit des eaux,
Qui dedans peu de temps couurirent les riuages.
Enfin la peur qu'il eut de mon œil enflamé,
Laschant tous ses conduits, luy fit enfler son onde,
Et de telle façon qu'il noya tout le monde,
Et fit ce grand deluge où tout fut abysmé.

Vne autre fois aussi le Ciel me fit sçauoir,
Que dans deux iours il vouloit choir
Dessus tous les humains, afin de les détruire,
Ie luy dis, cher amy, ne sois pas si maraut,
Mais parbieu mon courroux n'émeût pas ce rustaut,
Au contraire ie vis qu'il n'en faisoit que rire,
Connoissant donc par là qu'il vouloit regimber,
Ie dressay seulement mes plumes de la sorte,
A l'instant il s'émeût, la frayeur le transporte,
Et la peur qu'il en eut, fit qu'il n'osa tomber.

Lors que les animaux s'amusoient à parler,
Le Dieu Phebus voulut brûler

Tous les peuples d'Afrique & consõmer leurs terres,
Et ces peuples encor en sont noirs comme il faut:
Moy pour l'en empescher ie m'esleuay fort haut,
Mais si haut que i'estois au dessus des tonnerres.
Estant donc là puissant à punir son orgueil,
Ie luy creuay l'œil gauche auecque ma rapiere:
Si bien que du depuis ce Dieu de la lumiere,
Ce beau Soleil est borgne, & n'a plus rien qu'vn œil.

***

Enfin mes actions, mes regards, ou ma voix,
Font que tout plie sous mes loix;
Estant donc satisfait du renom de mes armes,
Ie ne veux desormais songer qu'aux passe-temps,
Ie ne veux plus remplir les villes ny les champs
De desolation, de plaintes, ny de larmes:
O! ie ne seray plus brutal ny furieux,
La terreur m'abandonne & l'effroy se retire,
Et rien que le penser de chanter & de rire
N'occupe les esprits de ce prodigieux.

STANCES DE MATAMORE.

Ah! ventre, que suis ioyeux!
De voir de si diuins visages,
Tant de beautez charment mes yeux,

D ij

Et me font haïr les rauages :
Ce prompt & subit changement,
Est bien digne d'étonnement ;
Ie n'ay iamais aymé que choses meurtrieres,
Que le desordre & la rumeur :
Toutefois, cher amy, tant de belles lumieres,
Changent ma sanguinaire humeur.

Vit-on iamais rien de si beau ?
Tant de doux Astres joints ensemble,
Font par vn effet tout nouueau,
Que ie palpite & que ie tremble.
Deuant le plus fier ennemy,
Matamore n'a point fremy,
Et deuant des objets dont l'ame est toute bonne,
Et qui n'ont rien que des douceurs,
Ie perds l'esprit, le sens ; la force m'abandonne,
Et parbieu quasi ie me meurs.

Ah ! ventre, ie veux desormais,
Quitter le bruit & les querelles,
Et ie proteste que iamais
Ie n'aymeray que les femelles.

Ie treuue des felicitez,
A souspirer pour les beautez ;
O Dieux ! si dans ces maux on treuue de la joye
Et béaucoup de contentement,
En quel aise faut-il qu'vn amoureux se noye
Lors qu'il a du soulagement.

ENTREE DE MATAMORE
parlant à son Valet.

Ie te le dis encor, ie suis l'honneur du monde,
Le Soleil qui voit tout en cette masse ronde,
Peut bien dire au mespris des hômes & des Dieux,
Que ie suis l'ornement de la terre & des Cieux :
Mais, ventre, ie vois bien que ton ame est déceuë,
Par la debilité de ta mauuaise veuë.
Petit rat de montagne assoupy du sommeil,
Aigle bastard, tes yeux s'aueuglent au Soleil,
Tu n'as pû conceuoir les merueilles estranges,
Qui me dressent vn thrône au dessus des loüanges ;
Et par qui tout le monde est contraint d'auoüer,
Qu'il n'appartient qu'à moy de me sçauoir loüer.
Achille eut vn Homere, Ænée eut vn Virgile,
Auguste eut vn Ouide, & moy j'en ay cent mille :
Mais par tant de hauts faits mon nom s'est éleué,
Que de quatre mille ans ils n'auront acheué.

D iij

Toutefois cependant qu'ils tracent mon Histoire,
Ie trauaille-moy-mefme au recit de ma gloire,
Et par le moindre effet que i'en vais defcriuant,
Ie feray la terreur du fiecle furuiuant.
Le Ciel parlant de moy s'explique en des Oracles,
La terre & tout fon peuple admire mes miracles.
I'ay veu des Quinze-vingts qui ne me voyoïet point,
Exalter ma beauté iufques au dernier poinct:
Et tel eftoit le fon de leurs iuftes loüanges.
Cet homme eft auffi beau que deux millions d'Anges?
D'autres fourds & muets ont dit fort hautement,
N'auoir iamais ouy d'Orateur plus charmant,
Et qu'il faut s'affeurer que la mefme Eloquence
A pris de moy la grace & la viue élegance.
D'autres que le Soleil n'a point encore veus,
Difent que ie' fuis fils de la belle Venus,   (armes
Que Mars m'engendra d'elle, & que ce Dieu des
Sçachant que l ie ferois aux Martiaux allarmes,
Redouta ma naiffance, & voulut qu'en fes flancs
La mere des beautez me portaft deux mille ans:
Mais ie me fuis vangé d'vne telle auanture,
Bien que pour me deftruire il forçaft la Nature:
Par mes propres efforts ie me fis mettre au iour,
Et lors pour me vanger de ce mal-heureux tour,
I'eftranglay Mars, Venus & Cupidon mon frere,
Cette belle action ne te fçauroit déplaire,

Puis que dans ma beauté, mes bras & mes regards,
Tu vois encor l'Amour, Venus & le Dieu Mars.

ENTREE DE MATAMORE.

STANCES.

Dieux! que ie suis espouuantable,
Que mon aspect est dangereux:
Ah! que ceux-là sont bien heureux,
Qui sont amis du Redoutable:
Ce qu'on se peut imaginer,
Qui soit capable d'estonner,
N'est rien au pris d'vn de mes gestes:
Ie suis plus craint dans l'Vniuers,
Que toutes les choses funestes
Ne le sont pas dans les Enfers.

Esprits lutins, ombres, demons
Qui tourmentez les Creatures:
Diables damnez, dont les figures
Donnent de la peur aux poltrons,
Rendez-vous palpables aux mains
Du plus terrible des humains,
Venez à moy, trouppes maudites:
Mais, ventre-bleu, vous n'osez pas,

Vos puissances sont trop petites,
Et vostre courage est trop bas.

***

Que ie suis bien incomparable!
Ie possede Mars & l'Amour;
Ces Deitez font leur sejour
En ce microcosme adorable;
L'vn de ces Dieux violemment
Me porte à l'assassinement,
Et l'autre en brûlant les plus belles
Du feu de son brasier ardant,
Fait que les pauures Damoiselles
Trespassent en me regardant.

***

Les Deesses toutes perduës
De l'amour qu'elles ont pour moy,
Ont tant de peine sous ma loy,
Qu'elles voudroient estre penduës;
Parbleu vous diriez quelquefois,
Qu'elles vont rendre les abois,
En me voulant monstrer leurs braises:
Mais ie leur vse de rigueurs,
Car ie treuue toutes mes aises
Dedans les ruisseaux de leurs pleurs.

Pauures femmes que l'on adore,
Que vous estes à déplorer,
Que vous sert-il de souspirer
Pour les vertus de Matamore?
Vous n'aurez point d'alegement,
Ie ne me plais incessamment
Qu'à distribuer des supplices
Et si l'on n'auoit qu'aux trauaux
Des extazes & des delices,
Ie ne ferois iamais de maux.

* * *

Toutes les horreurs de Bellonne,
Les soins, les troubles, les mal-heurs,
Et les plus terribles douleurs
Ne sont que les biens que ie donne;
Aussi tout fremit à me voir,
Tout tremble dessous mon pouuoir,
Et tous ceux qui ne souspirent
En voyant mon regard altier:
Mes rudes mains vous les déchirent,
Comme des fueilles de papier.

E

ENTREE DE MATAMORE
en Trucheur, & parlant
au Peuple.

Hé bien, chers Auditeurs, que vous estes surpris
De voir ce merueilleux dedans vn tel débris!
Vous croyez me voyant dans vn tel équipage,
Que ie sois sans vigueur, sans force & sans courage,
Sçachez que i'ay tousiours cette mesme valeur,
Qui fit craindre les Dieux, qui domta le mal-heur;
Matamore est tousiours l'inhumain, l'indomtable,
L'horrible, l'estonnant, le fort, le redoutable,
Le phenix des vaillans dont la maudite humeur,
Et la brutalite n'ayme que la rumeur.
L'assommeur de geans, le destructeur des hommes,
La terreur & la mort de ce siecle où nous sommes.
Tout est sous mon pouuoir, l'on ne le peus nier,
L'Enfer me sert de caue, & le Ciel de grenier,
Ma chambre est l'Vniuers, & mon flambeau la lu-
ne;
Ie ne m'ajuste pas à la façon commune,
La terre c'est mon lict, l'herbe mon matelas,
Les rochers mes cheuets, & les fueilles mes draps,
Les rideaux de mon lict sont les voiles nocturnes,
Que la nuict fait sortir de ces demeures brunes;

Le Ciel de ce beau lict est ce Globe azuré,
Que nous voyons le soir de tant d'astres paré;
Les pilliers de ce lict sont les Poles du monde,
Et mon pot à pisser les abysmes de l'onde;
Quand ie me vais coucher, le triste chat-huant,
L'orfraye & le hibou d'vn ton assoupissant,
D'vn air tel que celuy qu'on chante aux cimetieres,
Ferment aymablement mes funestes paupieres,
Et me laissant rauir aux douceurs du sommeil,
Ie dors incessamment iusques à mon réueil.
La rosée au matin me laue le visage,
Mille petits oiseaux assemblants leur ramage,
D'vn concert merueilleux & tout à fait charmant,
Gasoüillent à l'enuy pour mon contentement:
Pour montrer à quel poinct le firmament m'honore,
Ie suis tout le premier que regarde l'aurore,
Et le premier rayon de la clarté des Cieux,
Fait le premier honneur à ce prodigieux:
Mon baignoir est le vase où Neptune preside,
Mon estuue est l'enclos de la Zone torride;
Vous croyez que ie sois sans aucuns seruiteurs,
Mais i'en ay pour moy seul plus que douze Empe-
    reurs;
I'en ay des quantitez que l'on ne sçauroit dire,
Mais, ventre, quand mon train commence de me
    nuire,

E ij

Ie le vais retranchant d'vne eſtrange façon,
Car en me dépoüillant contre quelque buiſſon,
Doucement & ſans bruit ne faiſant que m'ébatre,
Ie le vais retrâchant deux à deux, quatre à quatre.
Ah, ventre, vn eſtafier me picotte la peau,
Ie le ſens, ie le tiens, ô petit vermiſſeau,
Vous me ſuccez le ſang, vous l'ozez entreprendre?
Parbleu vous en mourez, riẽ ne vous peut deffendre,
Vous ſerez de mes pieds eſcrazé tout ſoudain:
Mais l'apetit me vient, allons chercher du pain,
Depuis ſept ou huict iours aliment ny ſubſtance,
Par mon large goſier n'eſt entré dans ma panſe,
Auſſi tous mes boyaus ſe fâchent contre moy,
Allons-en demander à celuy que ie voy,
Ie le volerois bien ſans qu'il s'en peuſt deffendre,
Mais i'ayme mieux trucher que de me faire pẽdre.

ENTREE DE MATAMORE.

STANCES.

Lors que par diuertiſſement
I'entrepris de faire la guerre
Pour ſubjuguer toute la terre
Et tout le liquide element,
Ie fis Pallas mon eſtafiere,
La Fortune ma chambriere,

Le Sort Laquais de mes vassaux,
Ie m'assujettis la Victoire,
Et les neuf Filles de Memoire,
Seruirent de litiere à tous mes grands cheuaux.

❦

Lors ie domtay branlant le doigt
D'vne façon toute heroïque
L'Europe, l'Asie & l'Afrique
Auec les Isles qu'on y voit :
Phœbus de sa grosse prunelle
Voyant vne action si belle,
A l'heure-mesme se resout
D'acheuer promptement sa ronde
Pour aller dire à l'autre monde
Qu'en remuant le doigt, ie triomphois de tout.

❦

Les Antipodes pleins d'effroy,
Au seul recit de ces nouuelles
Enrageoient de n'auoir point d'aisles
Pour se venir sousmettre à moy :
Ils craignirent tant ma vaillance,
Que n'ayant pas la patience
Que le Soleil reuint icy,
Ils donnerent charge à l'Aurore

E iij

De voir de leur part Matamore,
Et de me conjurer de les prendre à mercy.

❦

Ie pris plaisir à voir la peur
De ces marauts de l'autre monde,
Leur soumißion si profonde
Me mit la pieté dans le cœur,
I'espargne ces pauures canailles
De pleurs, de sang, de funerailles :
Mais pourtant à condition,
Que pour montrer le grand courage
Qu'ils auoient de me rendre hommage,
Ils me viendroient icy baiser le croupion.

❦

En attendant ces malautrus,
Ie vais visiter vne aymable,
Dont le maintien émerueillable
Me rend amoureux & confus,
Ie luy vais parler sans demeure
L'entretenir tout à cette heure,
Ie vais parbleu la suborner,
La cajoler & la seduire
Par le charme de mon bien dire,
Afin de m'efforcer de l'enjobeliner.

ODE DE MATAMORE.

Ouy, ie m'en reſouuiens, que depuis quelque têps
Pour rendre abſolument tous mes deſirs contens,
I'ay mis deſſus le gril de meſme que des huiſtres
Les deteſtables cœurs de quatorze beliſtres,
I'ajuſtay cent coquins, comme on fait des enchois,
Ie fis bouillir des ſots ainſi qu'on fait des pois,
Ie fis des ceruelats de tous les frenetiques,
Puis ie mis à la broche onze cent Republiques;
Ie fis vn hoche-pot de dix-mille goujars,
Ie fis vn conſommé de quinze boulleuars;
Ie fis vn courboüillon d'vne terre affligée
Puis ie fis vn paſté d'vne ville aſſiegée,
Ie fis vn ſaupiquet de pluſieurs forcenez,
Ie fricaſſay moy ſeul la plus part des damnez,
Ie pris les volontez des ceruelles mal-faites,
Et ie les embrochay comme des alouëtes;
Ie mis tout l'Ocean dedans vn pot de fer,
Puis ie mis le grand pot ſur le braſier d'Enfer;
Ie mis dedans le pot en guiſe de volaille,
L'eſpouuantable bruit d'vne horrible bataille;
I'y mis pour le ſalé tous les chariuaris,
I'y mis pour du mouton, les Filoux de Paris,
Pour des jarets de veau, les fureurs de Belonne,

Et pour du bœuf tremblant, la tour de Babylone;
Enfin pour acheuer j'y mis tous les mal-heurs,
Et tous les heurlemens en guise de choux fleurs:
Quand j'eux fait ce potage aymable & magnifique,
Soudain ie fis encor vne excellente bisque,
I'y mis premierement en guise de boüillon,
L'humide radical du corps d'vn bataillon;
Pour bien l'assaisonner en guise de morille,
I'y mis abondamment des langues de chenille;
I'y mis pour champignons des yeux de basilic,
Pour muscade & pour sel vingt quintaux d'ar-
　　senic;
I'y mis force clochers ainsi que des asperges,
Et pour des artichaux, j'y mis trente ramberges;
Pour des cardes j'y mis la tresse d'Alecton,
Les larmes de Venus pour du jus de mouton;
Pour des mirabolans j'y mis vn grand gauasche,
Et les roignons d'Hercule en guise de pistache:
Lors que j'eux acheué ce superbe festin,
I'enuoyay promptement mon valet le Destin,
Pour aller supplier Pluton & Proserpine,
De venir m'assister à manger ma cuisine:
Mais voyant qu'ils faisoient par trop les glorieux,
Parbleu ie leur jettay tout mon festin aux yeux;
De-là ie suis venu pour faire encor la guerre,
Et comme auparauant troubler toute la terre:

　　　　　　　　　　　　　　　Mais

Mais premier que d'aller visiter les combats,
Ie vais me marier à d'aymables apas.

STANCES DE MATAMORE.

Qui sçauroit dire le courage,
Dont ie me treuue reuestu?
Pour bien parler de ma vertu,
L'on n'a point d'assez beau langage.
I'ay tant aualé d'espadons,
De fléches, d'arcs & de guidons,
De couleurines & bombardes,
Que si, parbleu, ie vomissois,
Ie vomirois des halebardes,
Des morions & des pauois.

L'on ne sçauroit iamais côprendre
Le nombre infiny des humains
Que i'ay par l'effort de mes mains
Escartelez & mis en cendre.
Si de ceux que i'ay massacrez,
Dans les ruës & dans les prez,
I'auois vn seul poil de leurs testes,
I'en ferois fort facilement

Des montagnes de qui les crestes
Trauerseroient le firmament.

***

I'apprehende vn iour que ma gloire
Ne soit cause de mon mal-heur,
Et que par ma rare valeur,
Elle n'esteigne la memoire:
Pour estre par trop foudroyant,
Trop martial & trop vaillant,
Mes vertus seront estouffées;
Et par vn mal-heureux Destin
La pesanteur de mes trophées
M'écrasera quelque matin.

***

Mais, Dieux, le fils de Citherée
Par sa frauduleuse douceur,
Me force à quitter la noirceur
De mon humeur desesperée;
Ce petit maudit Gueridon,
Ce detestable Cupidon
Me fait tomber dedans sa trape
Pour me plonger dans les regrets:
Mais par la mort, si ie l'attrape
Ie luy couperay les jarets.

ELEGIE SERIEVSE
de Matamore.

Enfin quand ce difcours me coufteroit la vie,
Il eft temps de parler, ie vous ayme Liuie,
Vous voyez bien qu' Amour a caufé mon ennuy,
Puis que vous n'eftes pas aueugle comme luy;
Vos beaux yeux font fi clairs & fi remplis de flame,
Qu'ils ne peuuent douter de celle de mon ame;
Ils connoiffent le feu dont ie fuis confommé,
Il eft pur & diuin puis qu'ils l'ont alumé.
Le vœu que l'on vous offre, eft toufiours legitime,
On n'a pour vos apas que des defirs fans crime,
Et mefmes les efprits efclaues de leurs fens,
Pour vn fi chafte objet deuiennent innocens.
Prenez pitié du mal que vos yeux ont fait naiftre,
C'eft l'augmenter beaucoup que de le méconnoiftre;
Vos yeux qui m'ont donné de fi doux entretiens,
Peuuent-ils ignorer le langage des miens?
S'ils vous ont mal conté le tourment qui me touche,
Apres qu'ils ont parlé, laiffez parler ma bouche,
Elle va découurir les langages d'vn cœur,
Qui tout preft de mourir adore fon vainqueur.
Au temps que ie vous vis vne flame cruelle,
Ne brûloit plus mon cœur, j'oubliois Ifabelle.

E ij

Mon esprit dégagé d'vne telle prison,
Ayant perdu l'espoir, recouuroit la raison.
Et comme vn Matelot assis sur le riuage,
Ie regardois la mer où i'auois fait naufrage:
Mais si tost que vos yeux éclairerent les miens,
Ie me vis arresté par de puissans liens.
Mon cœur en fut émeu, mon ame en fut surprise,
Et tous deux à l'instant presagerent leur prise;
Ma liberté ceda, ie n'eux plus de pouuoir,
Et fus contraint d'aymer, ayant osé vous voir.
Car quelque fermeté que l'esprit se propose,
Vous voir et vous aymer n'est qu'vne mesme chose;
Et bien que vos rigueurs promettent le trespas,
Ceux que vous captiuez, ne le redoutent pas.
On ne peut resister à l'effort de vos charmes,
La franchise contre eux n'a que de foibles armes,
Vn glaçon prés de vous se verroit enflamer,
Enfin vous pouuez tout, et ne pouuez aymer.
Celuy dont la puissance est au dessus du foudre,
Qui forma l'Vniuers et le peut mettre en poudre,
Ce Dieu qui regit tout, et qui fait que l'aimant,
Par des secrets cachez attire son amant,
Parmy tous les thresors que sa main liberale,
Pour prouuer sa grandeur incessamment estale,
Quoy que l'on veille dire à la gloire des Cieux,
N'a rien fait voir encor de si beau que vos yeux.

Cet ordre merueilleux qu'on voit en la Nature,
Ce bel aymail des champs, cette viue peinture,
La mer, les elements, le change des saisons,
La course du Soleil par ses douze maisons,
Le tonnerre grondant qui brise tous obstacles,
Les feux du firmament, & tant d'autres miracles,
Ne prouuent pas si bien vne Diuinité,
Aux esprits de ce temps, comme vostre beauté.
Et les plus libertins voyans vostre visage,
Iugent qu'il faut vn Dieu pour faire vn tel ouurage.
Mais tout cet ornement doit ceder aux vertus,
Qui rendent sous vos pieds les vices abbatus;
Vostre esprit adorable, à qui le sçait connoistre,
N'en peut trouuer aucun dont il ne soit le maistre;
Et qui possede vn cœur, en sçauroit mal vser,
S'il sçauoit le dessein de vous le refuser.
Ie vous ayme Liuie, & mon amour extresme,
Afin de s'exprimer, a recours à vous mesme.
Considerez vous bien, & ce que vous pouuez,
Et puis iugez d'vn cœur quand vous le captiuez;
Ie vous ayme Liuie, & iamais autre flame,
Que celle de vos yeux me brûlera mon ame;
Mesprisez-moy tousiours, viuez dans vn orgueil,
Dont l'excés inhumain me conduise au cercueil;
Moquez-vous en touts lieux de ma perseuerance,
Perdez vostre douceur, ostez moy l'esperance;

F iij

Fuyez-moy, cachez vous, augmētez mon tourment,
Et ne m'honorez pas d'vn regard seulement,
Rien ne peut empescher que mon ame asseruie,
N'ayme iusqu'au trespas les beautez de Liuie.
Quoy qu'il puisse auenir, ie la veux adorer,
Ce que ma bouche a dit, mon cœur le veut iurer;
Et si, comme l'on dit, nostre ame est immortelle,
L'oubly n'esteindra pas vne flame si belle,
La parque qui peut tout en couppant aux Enfers,
La trame de mes iours, ne rompra point mes fers.
Apres ces veritez n'estes vous point sensible,
Treuueray-je tousiours vostre cœur inflexible?
Ouy, ie sens que le mal dont le mien est touché,
Vous déplaist beaucoup plus que s'il estoit caché.
Pleurez, pleurez mes yeux, seruez-vous de vos ar-
    mes,
Ma bouche a mal parlé, faites parler vos larmes,
Mais, helas! le discours a de foibles apas,
L'ingrate le mesprise, ou bien ne l'entend pas;
Il vous faut donc fermer, l'excés de mon martyre,
Sera creu, si la mort n'empesche de le dire;
Ma plainte est inutile, & vos pleurs superflus,
On verra mon amour, quand vous ne verrez plus.

EPITAPHE DE MATAMORE.

A genoux, ou n'arreste pas,
Icy gist le grand Matamore,
La mort qui fut de ses soldats,
Prend au collet qui ne l'adore.
Aussi-tost qu'il fut abattu,
La majesté de la Vertu
L'affubla d'vne robbe noire ;
Mars traita le Sort en faquin,
Et luy rompant son cazaquin,
Luy brisa toute la machoire.

Aussi-tost qu'il fut enfermé,
Et que sa tombe fut couuerte,
Trois Dieux qui l'ont tousiours aymé,
Vangerent puissamment sa perte.
Phebus sur le dos de Pluton,
Des rudes nœuds d'vn gros baston,
Imprima viuement les marques,
Venus auecque son patin,
Souffleta Monsieur le Destin,
Et Minerue berna les parques.

Mais lors qu'aux infernaux palw
Il eut trauersé l'onde noire,
Les vestements furent rompus
Aux neuf Filles de la Memoire;
La Vertu n'eut ny feu, ny lieu,
Autre part que dans l'hostel-Dieu;
La raison deuint insensée,
Le merite fut bastonné,
Et l'honneur fut couronné
D'vn bassin de chaire persée.

❦

Dés l'heure que ce Capitan
Fut dans la demeure infernalle,
Il arracha l'œil à Satan,
Et l'aualla comme vne balle;
Tous les Diables espouuantez,
De peur d'en estre mal-traitez,
Taschoient s'éuiter son atteinte,
De maniere que tout plia,
L'espouuante s'humilia,
Et la terreur mourut de crainte.

❦

Sa presence dans les Enfers,
Pleine de rage & de colere,

Mit

Mit d'abord tout à l'enuers,
Et donna la fiévre à Cerbere,
Le dominateur de ces lieux
Fut pris par son bras furieux,
Et l'étouffa dedans ses flammes,
Si bien que dedans ce débris,
Il se fist Prince des esprits,
Et le Roy de toutes les Ames.

***

Ainsi par le cruel effort
De son extréme violence,
Il s'est faict Souuerain du Sort
Et du royaume du silence :
Il fait gémir dessous ses mains
Les fatalitez des humains;
Elles pleurent comme Niobe,
Et Lachese, Atrope & Cloton,
Minos, Radamante & Pluton
Sont ses valets de garderobe.

G

STANCES DE MATAMORE.

Ie confeſſe bien que la vie
Des guerriers qui ſont aux tombeaux ;
Laiſſe des exemples ſi beaux
Qu'ils peuuent donner de l'enuie.
On en aime le ſouuenir
Et l'on ne ſe ſçauroit tenir
De parler de leur memoire:
Qui viuroient vne infinité,
Dans l'eternité de la gloire,
Si ie n'auois jamais eſté.

Ie ſuis plus rude qu'vn tonnerre,
Beaucoup plus fort que les deſtins,
Plus dangereux que des lutins,
Et plus à craindre que la guerre.
Ceux qui me viennent rauauder,
Ie leur arrache ſans tarder,
Peaux, nerfs, poulmons, ceruelles, trippeʒ
Nez, langues, yeux, cœur & boyaux:
Et puis à l'inſtant ie les grippe,
Et les crocque comme noyaux.

D'vn petit traict de ma vaillance,
I'ay cent fois dompté le mal'heur:
Mais si j'ay bien de la valeur,
I'ay bien aussi de la science.
Ie parle fort elegamment
De la Terre, du Firmament,
Et des neufs filles du Parnasse,
Ie suis plus sage que Solon,
Et lors que ie frotte ma face,
Ie torche le nez d'Apollon.

Ie suis l'effroy des redoutables,
Ie ne respire que le sang,
L'honneur, les qualitez, le rang,
Ne me sont point considerables.
Tousiours par tout la mort me suit,
Aussi tout s'esquiue, & me fuit:
Rien ne m'ose faire la guerre,
Et le Ciel tout tremblant d'éfroy,
Ne s'éloigne point de la terre,
Que pour la peur qu'il a de moy.

G ij

Toutes choses hideuses, hâvres,
Laides, horribles, sans beautez,
Et qui n'ont que des cruautez,
Sont mes valets & mes esclaues.
L'éfroy me sert de Cuisinier,
Et la rage de Palfrenier,
La mort me sert lors que j'estrangle,
Et le diable que j'ay vaincu,
De coups d'esperon & de sangle,
Ne me sert qu'à torcher le cu.

Rien n'est égal à mes rauages,
Mes cruautez n'ont point de bout:
J'assuietis & domte tout,
Horsmis les Laquais & les Pages.
Parbleu mes sens découragez,
A l'aspect de ces enragez,
Font que quasi toûjours ie tremble.
Ie n'ay ny force, ny vertu,
Aussi quand ie les vois ensemble,
Ie fuis de peur d'estre batu.

QVATRAINS DE MATAMORE.

Dieux ! qu'on feroit bien eſtonnant,
Si l'on mettoit dedans vn liure,
La terrible façon de viure,
Que ie pratique maintenant !

***

A mon leuer pour mes boüillons,
Ie prends neuf quintaux de fumée,
Douze barils de renommée,
Et trois tonneaux de poſtillons.

***

Puis pour remplir mes inteſtins,
Comme des huiſtres à l'eſcalle,
I'aualle vingt Preuoſts de ſalle,
Et cent mille petits lutins.

***

L'vn de ces iours, ſans dire mot,
Ie mangeray cent halebardes,
Et tout le Regiment des Gardes
Me ſeruira de hoche-pot.

G iij

Quand ie diſne tant ſoit peu tard,
Et que l'appetit me domine,
I'engoulle vn fus de couleurine,
Comme vn petit morceau de lard.

Alors que j'ay quaſi diſné,
I'aualle en guiſe de fromage,
Toute l'eſcume de la rage,
Et la ceruelle d'vn damné.

Toûjours dans mes colations,
Ie demande pour mes ſalades,
Quarante, ou cinquante grenades,
Et dix, ou douze baſtions.

Pour faire qu'apres mes repas,
Mes humeurs ſe treuuent contentes,
Ie deuore quelques courantes,
Et quinze, ou vintgt bons entre-chats.

Pour mes soupers ie fais chercher,
La ceruelle des Crocodiles:
Les cœurs des plus fameuses villes,
Et les entrailles d'vn rocher.

Le soir premier que fermer l'œil,
I'aualle force jeux de paulme,
Puis ie gruge quelque Royaume,
Pour me prouoquer au sommeil.

Bref ie pense qu'vn jour ma faim,
Qui n'aura iamais de seconde,
Me fera manger tout le monde,
Comme vn petit morceau de pain.

Dieux! que je suis à redouter,
Ma rage tous les jours s'empire,
A moins que de perdre vn Empire,
L'on ne m'oseroit irriter.

Ie destruis tout des rudes traits
De mon œillade martiale,
Et si la Lune est toûjours pâle
C'est de la peur que ie luy fais.

I'ay d'vn seul coup d'estramaçon,
Liurant aux Enfers vne guerre,
Fendu la mer auec la terre,
Pour couper le nez à Pluton.

A l'heure mesme les damnez,
Firent reuolte en cét Empire,
Et leur pretexte fut de dire
Que leur Roy n'auoit point de nez.

Aussi tost que ie fus là bas,
Ie treuuay des plaisirs sensibles,
Car c'est dedans les lieux horribles
Où ie rencontre des appas.

I'ayme

I'ayme ce qui faict effrayer,
Ie treuue l'Enfer agreable,
C'eſt le jeu de paume admirable,
Où ie vais ſouuent m'égayer.

Les balles dequoy ie me ſers,
Dans ces demeures éfroyables,
Ne ſont que les teſtes des diables,
Que ie maſſacre d'vn reuers.

Mes admirables raquetons,
Ne ſont que des gris & des flames,
Sur leſquels on roſtit les ames,
Des gauaches & des poltrons.

Tous les bareaux de ces manoirs,
Sont les cordons de mes raquettes,
Les grandes queuës des Comettes,
Sont les manches de mes batoirs.

H

La joüant auec des lutins,
Et pouſſant toûjours de furie,
Des coups dedans la gallerie,
I'éborgnay tous les diablotins.

Eſtrange & furieux effect
De mon naturel éfroyable !
Les autres méchans font le diable,
Et Matamore le défait.

Mais ie ne veux plus m'éforcer
A faire de ſi grands rauages,
Ie veux aymer les beaux viſages
Et drolement les carreſſer.

Ie vais ſans ceſſe ſouſpirer,
Deuant les feminines faces,
Pour poſſeder leurs bonnes graces,
Et les contraindre à m'adorer.

SCENE

DE MATAMORE

& de Bonniface Pedant.

MATAMORE, commance parlant au
Peuple.

NE treuuez pas mauuais visages ma-
gnifiques,
Si ie ne parle plus qu'en beaux vers
heroïques.
Puis qu'en fin les vers sont le langa-
ge des Dieux,
Moy qui suis tout Diuin, ie veux parler comme eux.
Comme ce grand Moteur qui lance le tonnerre,
Est Roy de tous les Dieux, ie suis Dieu de la
Terre,

H ij

Nul mortel ne ſçauroit, ſans chóquer la raiſon,
Auecques ma valeur faire comparaiſon.
Qu'on cherche auecques ſoin, tous les plus braues
     hommes,
Tant des Siecles paſſez, que du Siecle où nous ſõmes.
Tous les plus grands eſprits, & les plus grands guer-
     riers,
Qui par de grands trauaux ont acquis des lauriers.
Et ſi l'eſprit humain en vn ſeul les aſſemble,
On treuuera pour lors celuy qui me reſſemble.
Mon eſprit admirable eſt au delà des ſens,
Et ce ſeul bras fait honte, aux bras des plus puiſſans.
Ie ſappe les projets des orgueilleux Monarques,
Ie ſuis le nourricier, le gibboyeur des Parques.
Tout ce grand Vniuers que ie remplis d'éfroy,
Subſiſte par ma force & n'agit que par moy.
Ie reſpire les vents, qui ronflent ſur la terre,
Ma ſaliue eſt la pluye, & ma voix le tonnerre.
Ie ſuis le Roy du monde & le viſible Atlas,
Qui peut tout ſouſtenir par l'effort de ſes bras.
Mon thrône c'eſt la terre, & ce qui l'enuironne,
Les Aſtres ſont ma ſuite, & le Ciel ma Couronne.
Mon Sceptre le voicy, ce fardeau precieux,
Tourne à mon gré la Terre, & la Mer, & les Cieux.
Mais tout ce grãd pouuoir ne me ſçauroit deffendre,
D'vn petit auorton qui me reduit en cendre.

O Dieux en le difant ! quels feux ai-je fentis,
Ie fume, ie fuis chaud, ie rougis, ie roftis :
Ie grille, ie riffole ? Ah ie fuis cuit, ie brule,
N'aurois-je point mangé la chemife d'Hercule ?
Hola hault eftafiers, apportez promptement
Pour éteindre mon feu, le liquide element.
Mais l'eau m'eft inutile au feu qui me déuore,
A fin de l'appaifer, allons voir mon Aurore.
Vn feul de fes regards allentira mes feux,
Et me pourra donner la gloire que ie veux.
Hola ;

BONNIFACE.

Qui frappe là ?

LE CAPITAINE MATAMORE.

Qui ventre ? L'éfroyable,
C'eft l'enfant du Deluge, & le coufin du diable.

BONNIFACE.

Que voulez-vous ?

LE CAPITAINE.

Comment, vous ne fremiffez-pas,
Voyant l'horrible port de ce grand Fierabras ?

H iij

BONNIFACE.

Fremir en vous voyant, j'aurois peu de courage!

LE CAPITAINE.

Ah viens nez d'éturjon, teste bleu, ce visage
Est plus à redouter que le foudre des Cieux :
Ie me mocque du Sort, & ie nargue les Dieux.
Tout succombe à l'effort de ce bras redoutable,
Ie suis plus que la mort, aux mortels redoutable.
Il n'est point de Guerriers, d'Empereurs, ny de Roy,
Qui puisse justement se comparer à moy.
Auprez de mes regards, & de ma contenance,
Les plus déterminez perdent leur asseurance.
En ma comparaison, ce sont poltrons parfaicts,
Et tous les Amadis ne sont que des baudets.

BONNIFACE.

Vous de qui les habits sont chamarez d'oreilles,
Crieur de mort aux rats, saccageur de bouteilles.
Aualleur de poix gris, écraseur d'escargots
Dont le dos est si propre à porter des fagots.
Vous qui ne voudriez pas, vous égaler vn homme
De l'Histoire de Grece, où de celle de Romme.
Ie gage d'en nommer, en presence de tous,
Deux mille plus vaillants, & plus sages que vous.

LE CAPITAINE.

Qui sont-ils ?

BONNIFACE.

Attendez ie vais querir le liure.

LE CAPITAINE.

Ha ventre bleu : ie croy que ce bon homme est yvre :
Il a perdu l'esprit, son iugement se pert,
Le voicy qui reuient : hé bien vieux ladre-vert,
Vous auez donc bien tost treuué vostre science ?

BONNIFACE.

Oüy, voicy mon Plutarque.

LE CAPITAINE.

Ah ventre !

BONNIFACE.

Patience.

LE CAPITAINE.

Nomme, nomme les moy, ces illustres Heros,
Et ie te feray voir qu'ils auoient des defauts.
Des imperfections, des vices en grand nombre,
Et que ie suis vn corps dont ils n'estoiët que l'ombre.

BONNIFACE.

Vous vous mocquez, allez vous estes insensé:
Thesée,

LE CAPITAINE.

Ah teste bleu, qu'il a bien commencé
Thesée mal'heureux, ce rapineur d'élite,
Que tu crois si parfait, & remply de merite,
Ne fut qu'vn vagabond, vn bateur de paué.

BONNIFACE.

Romule,

LE CAPITAINE.

Vn fils de louue, vn pauure enfant trouué.

BONNIFACE.

Licurgue,

LE CAPITAINE.

Fabriqua de la fausse monnoye.

BONNIFACE.

Numa,

LE CAPITAINE.

Prenoit aduis d'vne fille de joye.

BONNIFACE.

BONNIFACE.

Solon,

LE CAPITAINE.

Sa marchandiſe offuſqua ſon renom.

BONNIFACE.

Publicolle,

LE CAPITAINE.

En vn iour aboliſt ſa maiſon.

BONNIFACE.

Temiſtocles,

LE CAPITAINE.

A ſon dam ayma trop ſon Image.

BONNIFACE.

Camille,

LE CAPITAINE.

A ſes ſoldats rauiſſoit le pillage.

BONNIFACE.

Pericles,

LE CAPITAINE.

Son gros chef s'eſt touſiours fait mocquer.

I

BONNIFACE.

Fabie,

LE CAPITAINE.

Estoit trop doux & trop lent à chocquer.

BONNIFACE.

Alcibiade,

LE CAPITAINE.

Vn prodigue orné de menterie.

BONNIFACE.

Coriolan,

LE CAPITAINE.

Sa mere appaisa sa furie.

BONNIFACE.

Paul-Emile,

LE CAPITAINE.

Vn marault, vn gouuerneur d'enfants.

BONNIFACE.

Timoleon,

LE CAPITAINE.

Ce foux courut vingt ans les champs.

BONNIFACE.

Pelopidas,

LE CAPITAINE.

Sa mort l'accuse d'imprudence.

BONNIFACE.

Marcellus,

LE CAPITAINE.

Manqua d'heur comme d'experience.

BONNIFACE.

Ariftides,

LE CAPITAINE.

Ce fat ne fut treuué qu'vn gueux.

BONNIFACE.

Marc Caton,

LE CAPITAINE.

Ce rouffeau faifoit trop le hargneux.

BONNIFACE.

Philopemen,

LE CAPITAINE.

Perift par fon humeur hautaine.

I ij

BONNIFACE.

Quintus,

LE CAPITAINE.

Fit vne tâche à la Grandeur Romaine.

BONNIFACE.

Pirrhus,

LE CAPITAINE.

Vn coup de pierre abbatit ce guerrier.

BONNIFACE.

Cayus,

LE CAPITAINE.

Fit la grenoüille au milieu d'vn bourbier.

BONNIFACE.

Lisander,

LE CAPITAINE.

Ce trompeur perist par tromperie.

BONNIFACE.

Silla,

LE CAPITAINE.

Fut plein de rage & de forcenerie.

BONNIFACE.

Simon,

LE CAPITAINE.

A ses plaisirs fut par trop addonné.

BONNIFACE.

Luculle,

LE CAPITAINE.

Des Soldats se vit abandonné.

BONNIFACE.

Nice,

LE CAPITAINE.

Ce Capitaine auoit le cœur de tremble.

BONNIFACE.

Crassus,

LE CAPITAINE.

Estoit auare, & poltron tout ensemble.

BONNIFACE.

Sertorius,

LE CAPITAINE.

Ce borgne a passé pour sorcier.

I iij

BONNIFACE.

Eumenes,

LE CAPITAINE.

Eſtoit fils d'vn noble caroßier.

BONNIFACE.

Ageſilas,

LE CAPITAINE.

Fort bien auec ſa jambe courte.

BONNIFACE.

Pompée,

LE CAPITAINE.

Il perdit cœur apres vne déroute.

BONNIFACE.

Alexandre,

LE CAPITAINE.

Alexandre, il aimoit trop le vin.

BONNIFACE.

Iules,

LE CAPITAINE.

Il fut vaillant, mais non pas aſſez fin.

BONNIFACE.

Phocion,

LE CAPITAINE.

Cét oyseau se laissa mettre en cage.

BONNIFACE.

Caton,

LE CAPITAINE.

Se fit mourir à faute de courage.

BONNIFACE.

Cleomenes, Agis,

LE CAPITAINE.

Ils n'ont rien fait de beau.

BONNIFACE.

Les Graques,

LE CAPITAINE.

Ces mutins auoient trop de cerueau.

BONNIFACE.

Demosthenes,

LE CAPITAINE.

Mourut en suçant vne plume.

BONNIFACE.

Ciceron,

LE CAPITAINE.

Se paroit de la peau d'vn volume.

BONNIFACE.

Demetrie,

LE CAPITAINE.

Vn gourmand, de vices reuestu.

BONNIFACE.

Antoine,

LE CAPITAINE.

En Cleopatre étoufa sa vertu.

BONNIFACE.

Artaxerxe,

LE CAPITAINE.

Vn inceste, vn fratricide infame.

BONNIFACE.

Dion,

LE CAPITAINE.

De son viuant on luy gardoit sa femme.

BONNIFACE.

BONNIFACE.

Brute,

LE CAPITAINE.

Fut vn perfide, & l'horreur des humains.

BONNIFACE.

Aratus ,

LE CAPITAINE.

Mit fa garde en de mauuaifes mains.

BONNIFACE.

Galba ,

LE CAPITAINE.

Monta bien haut, lors qu'il falloit defcendre.

BONNIFACE.

Oton,

LE CAPITAINE.

Cét Empereur ne valoit pas le pendre.

BONNIFACE.

Annibal ,

LE CAPITAINE.

Negligea l'excez de fon bon-heur.

K

BONNIFACE.

Scipion,

LE CAPITAINE.

De Guerrier deuint vn Laboureur.

BONNIFACE.

Epaminondas,

LE CAPITAINE.

Pauure, & de naiſſance oblique.

BONNIFACE.

Philippe,

LE CAPITAINE.

Vn tracaſſeur de Liberté publique.

BONNIFACE.

Denis,

LE CAPITAINE.

Faiſoit ſa barbe auec des tiſons.

BONNIFACE.

Ceſar Auguſte,

LE CAPITAINE.

Ah ventre, arreſte-là tes noms!

Ne te trauaille plus, finis cette remarque,
Ie sçais que tu m'allois encor nommer Plutarque,
Miltiades, Seneque auec Pausanias:
Trasibule, Conon, Datames, Cabrias,
Amilcar, Thimothée, Iphicrates, tant d'autres,
Dont les rares exploits n'égalent point les nostres.
Mais sçais tu vieux surjon de maledictions,
Pour terminer le cours de ces narrations,
Si tu n'accordes point ta fille à mes prieres,
Ie m'en vais de ce pas t'arracher les paupieres,
Te percer l'estomach, te déchirer le flanc,
Et faire de ton corps vn déluge de sang.

BONNIFACE.

Et toy, si tu ne prends la fuite à mes prieres,
Ie te vais de ce pas donner les estriuieres.
De mille coups de foüets te déchirer le flanc,
Et faire de ton corps vn déluge de sang.

LE CAPITAINE.

Ah ventre!

BONNIFACE.

Ah par la mort, il faut que ie te tuë!
Comme le drolle fuyt: ie l'ay perdu de veuë.
Et ce vaillant guerrier si redouté de Mars,
Ne peut soufrir sans peur, vn seul de mes regars.

STANCES DE MATAMORE.

Ie l'aduoüe , il est vray , perpetuellement
Ie suis dans vne humeur de rage & de furie ,
Ie songe incessammènt à quelque diablerie ,
Pour fendre vn escadron, ou rompre vn regiment.
Dans les villes mes coups de reuers & de taille
Font quelques balafrez:
Mais dans vne bataille,
Ie fauche les soldats , comme on fauche les prez.

※

L'vn de ces mois passez, malgré tout mon pouuoir,
Ces foibles Deïtez qui donnent la Lumiere,
Retenoient dans le Ciel la clarté prisonniere,
Pour priuer l'Vniuers du bon-heur de me voir.
Fâché de la noirceur de cette nuict si brune,
Sans prendre autre conseil
I allay fouetter la Lune,
Chiquenauder l'Aurore, & berner le Soleil.

※

Hier au matin picqué de mon ambition,
Ie fus dans les Enfers pour y faire rauage,
A l'abord , de mes yeux i'assassinay la rage,

Ie remplis tout de meurtre & de confusion,
Toutesfois à la fin, d'vne façon diuine
I'adoucis mes regards,
Et baisant Proserpine
Ie fis le Roy des Morts, le Prince des Cornards.

❦

Vn jour, mille maraux qui me vouloient froter,
Resolurent ensemble à m'vser de surprise,
Moy remply de fureur sçachant leur entreprise,
Ie les treuuay bien-tost, afin de les heurter.
Mais, ventre, j'aborday ces mal'heureux pagnotes,
D'vne telle vigueur
Que le vent de mes botes
Leur brisa la ceruelle, & leur creua le cœur.

❦

Ie me souuiens qu'vn jour, tous les Dieux de là
hault,
Me traiterent le corps de discours, de paroles,
De chimeres, de vents, d'idées, d'hyperboles,
Mais quoy, ie n'en fus point satisfait comme il faut.
Et craignant justement de deuenir malade,
D'vn semblable festin,
Ie fis vne grillade
Des oreilles du Sort, & du nez du Destin.

K iij

Aujourd'huy des Laquais me trouuans à l'écart,
M'ont donné quantité de bonnes baſtonnades,
Mais cét afront m'a mis en de telles boutades ,
Que j'en ay déuoré les murs d'vn boulleuard.
En fin tout bourſouflé, de dépit, de rancune,
De rage, & de fureur
I'ay roüé la Fortune,
Ecorché le Haſard, & pendu le Mal'heur.

AVTRE DIXAIN DE
Matamore.

Ie ſuis exempt de paßion,
Pour les threſors, & les richeſſes,
Le ſeul objet de mes proüeſſes,
Satisfait mon ambition.
Rompre tous les jours des murailles,
Donner & gagner des batailles,
Faire des montagnes de Corps,
Eſtre toûjours dans la Victoire:
Et ne manquer jamais de Gloire,
N'eſt-ce pas auoir des threſors?

STANCES DE MATAMORE.

Hé bien, vous voila trop payez,
De voſtre injuſte impatience,
Vous joüyſſez de ma preſence,
Ie ſoufre que vous me voyez.
Ce grand Demon de Matamore,
Vous veut du bien, & vous honore:
Tenez vous-en tout aſſeurez,
Ie vous cheris juſqu'à l'extreme,
Et pour montrer que ie vous ayme,
Ie vous aſſommeray, ſi vous le deſirez.

***

Vous ſçauez bien, comme ie croy,
Ce que Pythagore propoſe,
Concernant la Metempſycoſe,
Et tous les poincts de cette Loy.
Aujourd'huy chacun s'imagine,
Que cette creance eſt badine:
Mais quant à moy, i'en fais du cas,
Ie ſçay que Mars auoit mon Ame,
Et cette Ame toute de flame,
Animoit autresfois le Demon des Combats.

Pour vous montrer qu'asseurement,
C'est vne chose veritable,
Que l'Ame de ce redoutable,
Est celle qui va m'animant :
Apres que la Parque meurtriere,
Eust osté Mars de la Lumiere,
Sa belle Ame anima Ninus :
Et quand ce premier Roy du Monde,
Fut plongé dans la Nuict profonde,
Elle entra dans Arbacte, & d'Arbacte en Cyrus.

De Cyrus, dans vn Leopard,
D'vn Leopard, dedans Hercule,
D'Hercule elle entra dans Romule,
De Romule, dedans Cesar :
De Cesar, dedans vn Vipere,
D'vn Vipere, dedans Tibere,
De Tibere, dans vn Heron :
Quand ce Heron n'eust plus de vie,
Cette Ame brûlante d'enuie
D'animer vn cruel, entra dedans Neron.

De

❦❦❦

De Neron, dedans vn Merlan,
D'vn Merlan, dans vn Grenoüille,
D'vne Grenoüille en la Gargoüille,
De la Gargoüille en Tamerlan :
De Tamerlan, dans vne Anguille,
D'vne Anguille, en vn Crocodille,
D'vn Crocodille, dans l'Effroy :
De l'Effroy, dans vn Dromadaire,
Puis d'vne forte extraordinaire,
Elle eft venuë enfin, par bleu, jufques à moy.

❦❦❦

Il eft bien vray, que comparant
Mars auec ma grande proüeffe,
Ie le treuue, ie le confeffe,
De moy-mefme fort different.
Ce n'eft pas que deffus la Terre,
Mars n'ait fait quelque exploict de Guerre,
Digne d'eftre exalté fort hault :
Mars fut la merueille du Monde,
Sa Vaillance fut fans feconde,
Mais ventre, auprès de moy, ce n'eftoit qu'vn ma-
rault.

L

Ie suis au monde sans pareil,
Digne quasi que l'on m'adore,
La Terre n'a qu'un Matamore,
Comme le Ciel n'a qu'un Soleil.
Mais le Soleil, comme il me semble,
N'a rien encor qui me ressemble,
Car le Soleil faict son effort
De donner sans cesse la vie,
Et moy contraire à son enuie,
Ie donne incessamment la mort.

AVTRE STANCE
de Matamore.

En fin les beautez de la Terre,
Rendent honneur à mes beaux yeux,
Leur naturel si glorieux
Fléchit aux traits que ie desserre.
Ie tiens ces humaines beautez,
I'ay dessous mes authoritez,
Les cœurs des claires & des brunes,
Et si mes regards doux & beaux
N'empeschoient par pitié la mort de quelques-unes,
On les verroit creuer & mourir par monceaux.

Tout fléchit sous ma destinée,
Et les traits d'Amour & de Mars,
Font tant de Morts par mes regars,
Que la Parque en est estonnée.
Vn jour pour troubler mon repos,
Fortune me tourna le dos,
Mais, ventre bleu, par mes addresses,
Cette inconstante comme vent :
Receut vn coup de pied si rude dans les fesses,
Qu'elle ne m'ose plus tourner que le deuant.

Si ma face est bléme & perie,
N'en receuez pas moins d'éfroy,
A cause du sang que ie boy
I'ay toûjours la dissenterie.
Ie mange en grillade les cœurs,
Des Reines que dans mes fureurs
Mes carresses ont étouffées,
Si bien que ces cœurs si Royaux :
Qui me deuroient seruir à faire des trophées
Ne me seruent sinon qu'à remplir mes boyaux.

Toute la Terre fait hommage,
A mes hautes perfections,
Les vapeurs de ses passions,
En couurent le Ciel de nuages,
Le Soleil mesme en me voyant,
Va presque toûjours larmoyant :
L'Air pour moy se distille en larmes,
Et Thetis à force d'aymer,
Gemissant sous les maux que luy causent mes char-
     mes,
Des pleurs qu'elle répand, fait l'ambre de la Mer.

De vray, quelles ames de roche,
Si peu sensibles aux appas,
Ne souffriroit mille trespas
Pour les regards que ie décoche?
Si toutes ces Dames osoient,
Dieux ! comme elles soûpireroient,
Oeilladans vn si beau visage :
L'Eau qui tomberoit de leurs yeux,
Vous moüilleroit, par bleu, mille fois dauantage,
Que ne feroit l'Orage, & la Pluye des Cieux.

Il ne faut donc pas que ie craigne,
Ny que ie pense nullement,
Que le solide jugement
De ma maistresse me dédaigne.
Mais ie n'oserois l'aller voir,
Ainsi que le veut mon deuoir:
I'apprehende les estriuieres,
Ie redoute que son Espous,
Sçachant que ie retiens ses beautez, prisonnieres,
Ne me brise les os de mille horribles coups.

STANCES DE MATAMORE
à son Valet.

Ah, ventre, que ie suis joyeux!
De voir de si diuins visages,
Tant de beautez charment mes yeux,
Et me font haïr les rauages.
Ce prompt & subit changement
Est bien digne d'estonnement,
Ie n'ay jamais aymé que les choses meurtrieres:
Que le desordre & la rumeur,
Toutesfois, cher amy, tant de belles lumieres,
Changent ma sanguinaire humeur.

L iij

Vit on jamais rien de si beau,
Tant de doux Astres joints ensemble,
Font par vn effect tout nouüeau
Que ie palpite & que ie tremble.
Deuant le plus fier ennemy,
Matamore n'a point frémy,
Et deuant des obiets dont l'Ame est toute bonne,
Et qui n'ont rien que des douceurs :
Ie perds le sens, l'esprit, la force m'abandonne,
Et parbleu, quasi ie me meurs.

Ah ventre, ie veux desormais,
Quitter le bruict & les quereles,
Et ie proteste que jamais,
Ie n'aymeray que les femelles.
Ie treuue des felicitez,
A soûpirer pour les beautez,
O Dieux ! si dans les maux on treuue de la joye,
Et des plaisirs en quantité :
En quel aise faut-il qu'vn amoureux se noye,
Lors qu'il embrasse sa beauté ?

AVTRE STANCE DE
Matamore.

Hé bien, il y a fort long-temps
Que vous n'auez veu ce visage,
Mais prenez garde, pauures gens,
De le voir à vostre dommage.
Ce front où loge la terreur,
Et ces yeux redoutez, à l'egal du Tonnerre:
Sans dessein, à l'instant d'vn regard de fureur,
Peuuent brûler toute la Terre.

❦

Mon œil, à l'Element du Feu,
Est l'ascendant & l'influence:
Et sans se pener que fort peu,
Il le maintient en sa puissance.
Il ne subsiste maintenant,
Que par l'ardent brasier dont ma veuë est remplie:
Et l'Element du Feu periroit à l'instant,
Si mes yeux n'auoient plus de vie.

❦

Vn jour en cherchant les combats,
Au bout de cent belles Campagnes:

Ie rencontray deſſous mes pas,
D'âpres & de rudes Montagnes.
Que fis-je en cette extremité,
Ie changeay par mes yeux, les montagnes en plaines,
Et d'vn regard de Feu, qu'à l'inſtant ie jettay,
I'en brûlay cent mille douzaines.

***

Me promenant prés de la Mer,
D'vn rayon brûlant de ma veuë,
Ie fis tous les flots enflammer,
Et rendis Thetis toute émeuë.
Iettant, qui çà, qui là, mes yeux,
Neptune, les Tritons, & toutes les Nayades,
Bref, ſans exception, tous les liquides Dieux,
Furent grillez de mes œillades.

***

Hier d'vn traict de Feu de mon œil,
Qui penetra toute la Terre,
Ie mis au Regne du Cercueil,
Vne eſtrange & cruelle Guerre.
Car ce traict d'œil ſi furieux,
De qui les facultez, font des coups éfroyables,
En cendres reduiſit tous les noccturnes Lieux,
Et brûla tous les mille diables.

Mais

❦

Mais, ventre, quel bouluersement!
Mes yeux quasi sur toutes choses,
Agissent monstrueusement,
Et font mille Metamorphoses.
Mais dessus les corps feminins,
Toutes leurs facultez ont perdu leur science,
Et mes regards leur sont si sots & si badins,
Que toutes fuyent ma presence.

M

ABREGE DE COMEDIE

RIDICVLE

DE MATAMORE,

EN VERS BVRLESQVES,

& fur vne mefme Rime.

SCENE PREMIERE.

LE CAPITAINE.

OVY, c'eſt trop frenetiquement,
Fuir abominablement :
Tout ce qui ſpecifiquement,
Nous rauit couſtumierement,
Ie veux reſſentir en aymant,
Le plaiſir que charnellement :

L'on ſauoure parfaictement,
Dans l'aymable entrelaſſement
Que l'on faict corporellement.
O ie me rends abſolument!
I'ay de l'amour infiniment
Pour vn bel œil qui puiſſamment
Me trouble imperieuſement.
Il demeure en ce logement,
Ie m'en vais ſans dilayement
Luy dire familierement
Mais fort affectueuſement
Que ie l'ayme incroyablement.
Marchons y delicatement,
Hola, ſortez baſtiuement,
Sinon, parbleu, robuſtement
I'écraſeray le baſtiment.

ANGELIQVE.

Hé, qui frappe ſi rudement?

LE CAPITAINE.

C'eſt vn faiſeur d'égorgement,
O Dieux ! le beau commencement,
Voila celle que chaſtement,
I'eſtime vertueuſement.
Beau Soleil qui diuinement,

Me subiuguez occultement,
Beauté de qui l'agréement
M'a comme imperceptiblement
Assassiné l'entendement.
Dorlotez fauorablement
Celuy qui veut incessamment
Vous rendre hommage constamment.
Receuez agreablement
Mon cœur, mon ame & mon serment,
Et iurez reciproquement
De m'aymer furieusement
Iusqu'à vostre trespassement.

ANGELIQVE.

I'estime vostre compliment,
Mais, Monsieur, veritablement
Vous me voulez trop promptement,
Ietter dans vn engagement,
Duquel on ne peut aisément
Se défaire qu'au monument.
Ce front, ces yeux, ce mouuement,
Ce ventre & cét acoûtrement
Me captiuent superbement.
Mais de crainte d'achopement
Ie veux tout faire meurement :
Attendez vn peu seulement.

LE CAPITAINE.

Vous en allez-vous?

ANGELIQVE.

Non vrayement,
Ie retourne subitement.
Chere Alison.

ALISON.

Quoy?

ANGELIQVE.

Prestement.

ALISON.

Que voulez-vous?

ANGELIQVE.

Vien vistement.

ALISON.

Hé bien,

ANGELIQVE.

Que tu vas lentement!

ALISON.

Hé qui pourroit plus diablement
Vous aborder diligemment,
Qu'auez-vous donc?

ANGELIQVE.

    Tout bellement,
Escoute vn mot secrettement.
Regarde vn peu ce garnement,
Voy comme serieusement,
Il se promene grauement.
Il va majestueusement
Il se moque Royalement,
Il vient Seigneurialement,
Et ses yeux meurtrierement
Donnant de l'épouuantement,
Me charment insensiblement.

ALISON.

Ah, quelle trongne de gourmand,
Ie croy, qu'indubitablement
Il mangeroit vn Regiment
De mesme qu'vn grain de froment.

ANGELIQVE.

Tu parle irregulierement,
Il m'a miraculeusement
Soumise à son commandement.

LE CAPITAINE.

Ventre, elle en tient, mais fermement,
Ie le connois euidemment.

ANGELIQVE.

Ie luy vais dire ingenuëment
Que ie l'ayme violemment.

ALISON.

Arreſtez-vous, effrenement
Vous en aller abſurdement
Proſtituer enragément,
A celuy qui bigearrement
N'a pour tout diuertiſſement
Qu'à faire du ſaccagement.
Ie le connois parfaictement,
C'eſt vn aſſommeur de jument,
Qui met ſempiternellement
Quelques pulces au monument,

LE CAPITAINE.

O vielle garce d'Allemand !
Dis, parle à moy sincerement,
Declare moy naïuement,
Ce qui t'oblige insolemment
De troubler mon contentement.

ANGELIQVE.

Pardonnez-luy, soyez clement.

LE CAPITAINE.

Si i'entrois plus profondement,
Dans le séjour du troublement,
Le feu de mes yeux brusquement,
Par vn estrange embrasement
La brûleroit en vn moment.

ALISON.

Voyla mentir impudemment,
O qu'il abuse excellemment
De tous ceux qui credulement
Croyent à son cajolement !
l'enrage de forcenement,
D'oüyr mentir si puamment;

O de

O detestable parement
De gibet. quel aueuglement
Te faict si desordonnement
Parler hyperboliquement,
O qu'il est sot certainement !

LE CAPITAINE.

Ah, ventre bleu, ce grongnement
Me tarabuste tellement,
Que si presomptueusement
Tu n'apportes du changement
A ce fâcheux rechignement,
Ie te mettray bourellement
Dedans l'aneantissement.

ANGELIQVE.

Ie crois auec estonnement
Que quelque horrible enchantement,
Me contraint inciuillement
A parler impertinemment:
Va t'en, mais bien agilement.

ALISON.

Vous me frappez injustement,
Ie vous le dis succinctement.

N

ANGELIQVE.

Et ie te dis prolixement
Que tu t'en aille habillement.

ALISON.

O j'auray du ressentiment!
De ce que si cruellement
Vous me battez iniquement.

ANGELIQVE.

Fuy donc?

ALISON.

Hé bien.

ANGELIQVE.

Indignement,

Oser licentieusement
Donner du mescontentement
A cét aymable : ô galamment
Ie te forceray dextrement
De te comporter droictement.

LE CAPITAINE.

Mon cœur, faites moderement
Apportez du temperament

A ce fâcheux déportement
Il vous faict colereusement
Crier épouuantablement.

ANGELIQVE.

Quoy? Monsieur, si visiblement
Vous offencer déplaisamment:
Comme irrespectueusement
Elle m'a detestablement
Mise trop indiscrettement
Dedans vn tel criaillement.
Ie sçay que genereusement
Quand bien elle eust en vous blasmant
Faict encore plus pirement,
Qu'à cause de l'habillement
Et de son sexe asseurément
Vous eußiez glorieusement
Supporté son jargonnement.

LE CAPITAINE.

Vous parlez prophetiquement,
Mais, changeons de raisonnement.
Quand voulez-vous que seurement
Ie vienne icy ioyeusement
Pour matrimoniallement
Nous assembler allegrement?

ANGELIQVE.

Pour ce poinct là modeſtement
Il faudroit ſans dilayement
Aller parler eloquemment,
A celuy qu'équitablement
I'eſtime émerueillablement.

LE CAPITAINE.

A voſtre pere?

ANGELIQVE.

Iuſtement.

LE CAPITAINE.

Bien, attendez patiemment:
Ie reuiendray ſoudainement,
Pour luy parler facondement,
Et pour preſſer l'auancement
De noſtre bel acouplement.

ANGELIQVE.

Que i'en ſuis aiſe, Adieu, charmant.

LE CAPITAINE.

Adieu ſuiet de mon tourment.

Que ie feray friponnement
Vn crotesque fretillement,
Quand par vn doux embrassement
Nous nous baiserons viuement.

SCENE II.

BEAV-CHASTEAV, BEAV-LIEV,
PHILIPIN, ALISON,
BONIFACE.

PHILIPIN.

FINISSEZ donc resolument
Ce frenetique broüillement,
Allez-vous en fort gentiment
L'entretenir acortement,
Tous deux incomparablement,
Vous l'aymez exceßiuement;
Mais ie vous conjure instamment
De vouloir pacifiquement
Vous accorder gaillardement.

N iij

BEAV-CHASTEAV.

Ie le veux, l'accommodement
N'eſt pas trop mal adroiſtement
Formé pour noſtre appoinſtement,
Pourueu que prealablement
Il proteſte inuiolablement
De s'arreſter au jugement
Qu'elle fera : car autrement
Nous nous froterions vaillamment.

PHILIPIN.

C'eſt parler équitablement,
Reſpondez luy donc franchement.
Voulez-vous pas tout-chaudement
Donner voſtre conſentement,
Pour faire que paiſiblement
Vous viuiez fraternellement.

BEAV-LIEV.

Ie ne l'entends pas clairement,
Et ie ne l'ay qu'obſcurement
Compris interieurement,
Redis-le moy donc nettement
Et plus intelligiblement.

PHILIPIN.

C'eſt qu'il faut neceſſairement
Que tous deux vnanimement,
Vous vous en alliez proprement
Voir le viſage qu'ardamment
Vous cheriſſez également.
Vous luy direz élegamment
De vous oſter benignement
D'vn bruit, duquel ſiniſtrement
Ne peut ſortir apertement
Sinon qu'vn embaraſſement,
Qui, peut-eſtre, mortellement
Vous priueroit de ſentiment.
Que pour finir briefuement,
A qui tumultueuſement
Vous force ambitieuſement
A vous quereler folement :
Qu'elle choiſiſſe ioliement
Celuy qui plus poupinement
Luy touche l'ame doucement.

BEAV-LIEV.

O que ie ferois ſciamment
Vn éfroyable manquement
Si ie voulois obſtinément

M'oppoſer à ce reglement,
Allons donc tout recentèment,
La voir en ſon appartement.

BEAV-CHASTEAV.

Mais Aliſon chagrinement
Nous aborde fâcheuſement.

PHILIPIN.

Qu'as tu, tu vas ſi triſtement
Qu'on iuge indubitablement,
Que quelque eſtrange changement
Te perſecute horriblement.

ALISON.

O ie ſuis deuergondement
Dans vn cruel petillement,
Et ie voudrois éperduëment
Que l'on me pendiſt fauſſement,
Ou, que l'on m'allaſt abyſmant
Iuſques au fond du Firmament.

PHILIPIN.

Quel eſtrange déuoyement
Te faict demoniaquement
Soûpirer ſi peniblement?

ALISON.

ALISON.

Quoy, donc acariaſtrement
Vous deſirez mauſſadement
L'aymer inuiolablement,
Mais nous ſçaurons pertinemment
Boucher aſſez ſubtilement,
La porte à cét amuſement.

BEAV-CHASTEAV.

O bons Dieux ! quel friſonnement
Me ſaiſit inopinément ?

BEAV-LIEV.

Ces mots inconceuablement
Me tourmentent amerement.

BEAV-CHASTEAV.

Sans nous tenir perplexement
Dans vn ſi grand éfrayement.
Chere Aliſon, dis moy nuëment,
Et ſans aucun déguiſement
A qui veut deſeſperement
Se marier ſi baſſement,
Celle qui ſi felonnement
Nous aſſuiettit roquement.

ALISON.

A qui, bons Dieux! vous le nommant,
Ce seroit vn rengregement
De ce mal, qu'insensiblement
Vous ressentez griéuement.

BEAV-CHASTEAV.

Rage, fureur, trépignement
Troublez-moy frenetiquement,
Afin que volontairement
Ie presse mon enterrement.

BEAV-LIEV.

Demons qui belliqueusement
Rompez le col rauissamment
A celuy-là qui lâchement
Se donne à vous prodiguement.
Troublez-moy desordonnément,
Afin que precipitamment
Ie m'assomme inhumainement.

BEAV-CHASTEAV.

Non, sans nous aller si cruëment
Faire mourir desplaisamment,
Faut assassiner nuictamment

Le traitre qui temerairement
Nous vient malicieufement
Oſter noſtre foulagement.

PHILIPIN.

Tout beau, Meßieurs, malaiſément,
Vous ne ſçauriez facilement
Sortir que fort honteuſement
De ce que déterminemment
Vous reſoluez brutalement.
Ce coup indubitablement
Vous feroit pendre brauement,
Et puis celuy que cautement
Vous voulez frauduleuſement
Priuer de vie & mouuement,
Eſt redoucé terriblement.
Les muets admirablement
En parlent eternellement,
Mais pour mettre vn empeſchement
A ſon deſſein vigilamment,
Et deliberatiuement
Allez-vous en aymablement
Parler au pere hardiment,
Pleignez-vous à luy ſagement,
Et pleurez exorbitamment
En luy diſant qu'ingrattement

Sa fille impitoyablement
Vous faict vn cruel traittement.
Le voicy sans retardement,
Allez-vous en discrettement
Le saluër honnestement.

BEAV-CHASTEAV.

Ha, Monsieur, que commodément
Vous venez opportunément.
Tous deux espris étroictement
De rechercher pudiquement
Vostre fille tres-humblement,
Nous vous prions verbalement
De faire qu'exorablement
Elle accepte amoureusement
L'vn, ou l'autre, pour son amant.

BONNIFACE.

Ah, foy d'homme, reueremment
Vous venez gracieusement
Me mettre en vn rauissement
Que j'ayme merueilleusement.
Ouy, ie vous promets sainement
De m'employer actiuement
Pour vostre seul contentement:
Ma fille, mon ébatement,

Mon cœur, mon tout que tendrement
Ie conserue si cherement,
Si tu veux estre richement
Mariée discrettement,
Prens l'vn de ces deux gayement,
Tous deux trépassent en t'aymant.

BEAV-LIEV.

Beauté que journalierement
l'affectionne vainement!

ANGELIQVE.

Lourdault, que nompareillement
Ie fuis inexprimablement.

BEAV-CHASTEAV.

Belle Nymphe loyalement
Ie vous estime extremement.

ANGELIQVE.

Beau marault naturellement
Ie vous deteste estrangement.

BEAV-LIEV.

O Tygresse, impiteusement
Vous m'assassinez méchamment.

ANGELIQVE.

O baudet bestialement
Vous m'importunez grandement!

BEAV-CHASTEAV.

Mon petit cœur seuerement
Vous me traitez indignement.

ANGELIQVE.

Mon petit veau malignement,
Vous me parlez vilainement.

BONNIFACE.

Traitez les plus ciuilement,
Qui vous faict dédaigneusement,
Reietter orgueilleusement
Leurs seruices que noblement
Ils vous offrent mignardement ?

LE CAPITAINE.

Ouy, chair bleu, valeureusement
Ie fais continuellement
Quelque estrange remuèment,
Ie tuë desesperément
Tous les coquins qui traistrement

Ne font rien courageusement
En doutez-vous aucunement?

BONNIFACE.

Quel est celuy qui fierement
Parle si fanfaronnement?

ALISON.

O c'est celuy qu'imprudemment
Voftre fille ayme ignoramment!

LE CAPITAINE.

Venez icy, viel excrement,
Si vous voulez coquinement
Me refufer barbarement
Vn bien qui me va confommant,
Ie vous tuëray, mais drolement.
Ah que ie hay l'abaiffement,
Où me plonge débordement
Mon amoureux forcenement,
Ventre, si martialement
Il me falloit robuftement
Forcer quelque retranchement,
Brifer vn mur de diamant,
Aneantir vn Element,
Couurir la Terre d'offement;

Manger les trippes d'vn Flamand,
Ou bien prodigieusement
Faire quelque fracassement.
Ie le ferois plus librement
Que de venir poltronnement
Vous supplier niaysement
De me donner presentement
Vn thresor qu'hasardeusement
Pour vn charnel goustillement,
Vous auez faict pour l'ornement
Du Ciel, & pour furtiuement
Tenir perpetuellement
Mon ame audacieusement
Dans vn fâcheux acrochement.

BONNIFACE.

Comment donc, extrauagamment
Me demander arrogamment
Auec mort & reniement
Ce que i'estime vniquement!
Retirez-vous diligemment.

LE CAPITAINE.

Ah, ventre, mal'heureusement
Vous me choquez bien lourdement,
Par bleu, ie vais sauuagement
Vous creuer miserablement.

BONNIFACE.

BONNIFACE.

Hô mes gendres, virilement
Venez à moy legerement.

LE CAPITAINE.

Tes gendres, Dieux, exactement
Tu les as choisis sçauamment:
Ces mugueteaux; Hé bien, comment
Pouuez-vous sans fremissement
Me regarder éfrontément.
Les aymez-vous, là hautement
Parlez & sans déguisement.

ANGELIQVE.

Non, mon cœur.

LE CAPITAINE.

Quoy, donc sottement,
Et sans ratiocinement
Vous voulez tiranniquement
La violanter aigrement.
Par la teste, exemplairement
Ie vais impetueusement
Vous assommer fort plaisamment.

P

BEAV-CHASTEAV.

Ah, Monsieur, pitoyablement
Pardonnez-nous humainement.

LE CAPITAINE.

Ah, Pagnottes, rustiquement
Vous venez clandestinement
Marcher pusillanimement!
Dessus mes pas, ah vertement
Ie chastieray pertinemment.

BEAV-LIEV.

Nous ignorions l'engagement
Où vous plongeoit gloutonnement
Cét amoureux élancement.

LE CAPITAINE.

Vous l'ignoriez grossierement,
Vous recherchez sordidement
Vne excuse pour finement
Vous esquiuer impunement.

Tous deux
BEAV-LIEV, & BEAV-CHASTEAV.

Pardonnez-nous courtoisement.

LE CAPITAINE.

Non, non, pour voftre chaftiment
Tous deux alternatiuement,
Abordez-moy cagnardement
Et me baifez le fondement.
Sinon religieufement,
Et fort deuotieufement
Reclamez le Ciel fainctement
Et faites voftre teftament.

BEAV-CHASTEAV.

Ah, Monfieur, vn amandement
A ce fâcheux commandement!

LE CAPITAINE.

Leuez-vous.

BEAV-LIEV.

Ah quel tremblement!

BEAV-CHASTEAV.

Ie me meurs.

LE CAPITAINE.

Fauorablement
P ij

Ie vous pardonne entierement
Allez au diable ensemblement,
A cette heure l'opposement
Que vous mettiez ineptement
A nostre desir vehement
Ne peut qu'insupportablement
Y mettre de l'empeschement.

BONNIFACE.

Non, ie veux, debonnairement
Vous donner mon consentement,
Allez, joüyssez plainement
Du bien que legitimement
Vous aymez passionnement.

LE CAPITAINE.

Beauté que ie vais estimant
C'est à ce coup qu'heureusement
Nous ioüyrons mignonnement
Du bien qu'opiniastrement
Nous recherchions soigneusement.

ANGELIQVE.

Allons donc honorablement
Nous baiser vigoureusement.

LE CAPITAINE.

Allons mon cœur, luſtiquement
Nous carreſſer groteſquement,
Allons nous en turbulemment
Nous embarraſſer boufonnement,
Pour faire ridiculement
Par vn diuin chatoüillement
Vn amoureux culbutement.

PHILIPIN.

Hé bien,

ALISON.

                  Ie ne ſçay bonnement,
Si c'eſt en veillant, ou dormant
Que ie voy cét éuenement.

PHILIPIN.

Va, ne te fâche nullement,
Et pour mettre vn acheuement
A ce qui ſe termine en ment,
Allons nous en ſemblablement
Nous marier pareillement.

ALISON.

Ie le veux bien resolument,
Allons nous en tout froidement
Nous vnir conjugalement,
Et sans tarder plus longuement
Baisons-nous amiablement.

FIN.

EXTRAICT DV PRIVILEGE DV ROY.

PAR Grace & Priuilege du Roy, donné à Paris le 11. Mars 1647. Signé, Par le Roy en son Conseil, LE BRVN. Il est permis à ANTOINE DE SOMMAVILLE, Marchand Libraire à Paris, d'imprimer ou faire imprimer vn Liure intitulé la *Comedie de Matamore auec ses Boutades*, & ce durant le temps & espace de cinq ans, à compter du jour que ledit Liure sera acheuée d'imprimer. Et deffenses à tous autres d'en vendre ny distribuër d'autre impression que de celle qu'aura fait ou fait faire ledit de Sommauille, à peine de cinq cens liures d'amende, ainsi qu'il est plus amplement porté dans les Lettres cy-dessus dattées.

Et ledit de Sommauille a associé audit Priuilege Toussainct Quinet, aussi Marchand Libraire à Paris, suiuant l'accord faict entr'eux.

Acheué d'imprimer pour la premiere fois, le seiziesme iour d'Auril 1647.

Les Exemplaires ont esté fournis.